Renate Kissel • Ulrich Triep

Reisen & Speisen entlang der Mosel

EDITION LEMPERTZ

Weine
direkt vom Winzer
WEINBERATUNG-VERKAUF

Reisen und Speisen entlang der Mosel

Inhalt

Aus den Vogesen in den Rhein . . . 5

Épinal und die bunten Bilderbögen . . . 6

Nancy, die Stadt mit Geschichte und Kunst . . . 8

Toul und seine Festungsanlagen . . . 10

Route du Vin et de la Mirabelle . . . 14

Metz – die schillernde Metropole . . . 16

Dem Dreiländereck entgegen . . . 26

Die Zweiländermosel . . . 32

Weine und Sekte der Luxemburger Mosel . . . 44

Die Deutsche Weinstraße . . . 46

Die älteste Stadt Teutschlands . . . 54

Die Schleifen der Mittelmosel . . . 64

Die Schönheiten der Untermosel . . . 118

Die Terrassenmosel *von Reinhard Löwenstein und Cornelia Heymann Löwenstein* . . . 148

Koblenz zwischen Mosel und Rhein . . . 172

Wir Koblenzer sind Moselaner! von *Manfred Gniffke* . . . 174

Schlemmen in der Koblenzer Altstadt - kein Problem! *von Angelika Reinemann-Klees* . . . 178

Mit den Weinheiligen durch das Winzerjahr - entlang der Mosel *von Kalle Grundmann* . . . 192

Römische Gerichte . . . 202

Rezept-Register . . . 216

Register der Restaurants und Weingüter . . . 218

Bildnachweis . . . 222

Impressum . . . 223

Meinem Vater, dem Fotografen Otto Lohausen,
in Dankbarkeit gewidmet, mit dem ich gemeinsam
die Schönheit der Mosellandschaft entdecken durfte.

Renate Kissel, geb. Lohausen

Aus den Vogesen in den Rhein

Unlängst wurde in einer populären Quiz-Sendung die Frage nach dem Ursprungsland der Mosel gestellt und ... falsch beantwortet.

Wussten Sie, dass die Mosel im Süden der waldreichen französischen Vogesen entspringt, am Fuße des 1.200 m hohen Berges *Petit Drumont*? Wenig weiter, in der Nähe des *Col de Bussang* hat 1965 der Künstler *J. Gilodi* der Mosel ein Denkmal gesetzt. In der Mitte hat er ein steinernes **M** angebracht, aus dessen Kerbe die Mosel sprudelt. So zeigt das Denkmal auf anschauliche Weise den 550 km langen Weg der Mosel von der Quelle bis zur Mündung in den Rhein bei Koblenz. Der Name der Stadt Koblenz stammt übrigens aus dem lateinischen *Confluentes* und bedeutet ´die Zusammenfließenden`.

Ein ursprünglich kleines Rinnsal füllt wie zur Erholung nach einem kurzem Weg den Berg hinunter einen Weiher, um danach in Gesellschaft weiterer Zuläufe schon bald ein ansehnlicher Bach zu werden. Dieser Bach fließt kurz darauf durch den malerischen Ort *Bussang* und dann weiter durch das durch seine Holzschnitzkunst bekannt gewordene Dorf *St. Maurice*, dann noch weiter nach *Le Thillot*, wo man noch heute eines der Kupferbergwerke der Lothringischen Herzöge aus dem 16. Jahrhundert besichtigen kann.

In der Nähe des Städtchens *Remiremont*, das auf eine Klostergründung im Jahre 620 n. Chr. zurück geht und allemal einen Besuch lohnt, gesellt sich ein Bächlein mit dem charmanten Namen *Moselotte* hinzu, und beide werden nun mit vereinten Kräften in Richtung Norden hügeliges Gelände zu meistern haben.

Neue Verstärkung ist nicht mehr zu erwarten, die wird auf der anderen Seite der Wasserscheide die Saône für sich beanspruchen, um sie auf ihre Reise nach Süden mitzunehmen - ins warme Mittelmeer.

Aber man muss gar nicht so weit fahren, um Wärme zu finden. Um ihr Image konkurrenzfähig zu präsentieren, fließt nun die Mosel überraschend zu einer stattlichen Anzahl von Thermalquellen, die Orten wie *Plombières-les-Bains, Bains-les-Bains, Contrexéville* und *Vittel* zu Weltruhm verholfen haben. Schon die alten Römer vertrauten auf die Gesundheit erhaltenden und heilenden Kräfte der warmen Quellen. Wie gut, dass diese im Laufe der Jahrtausende nicht versiegt sind.

Épinal und die bunten Bilderbögen

Épinal, die Hauptstadt des *Département des Vosges*, ringsherum eingebettet in grüne Wälder, wird durch die Mosel in zwei Teile geteilt. Berühmt wurde die Stadt durch ihre volkstümlichen Bunten Bilderbögen, die *Images d'Épinal*. Hier wurden auch Heiligenbilder gedruckt, um von den Menschen erworben zu werden, die sich von ihnen Schutz gegen Krankheiten und anderes Unheil erhofften und sie in ihren Wohnhäusern und Kirchen aufhängten. Mit der Französischen Revolution stagnierte der Absatz dieser Bilder, aber Ende des 18. Jahrhunderts gründete der Drucker und Verleger *Pellerin* in *Épinal* eine Werkstatt zur Herstellung von Märchenbilderbögen und der Darstellung zeitgenössischer Begebenheiten und ließ damit diese alte Kunst wieder aufleben. Kunstvoll gedruckt und koloriert wurden die Blätter in alle Welt versandt. Noch heute wird in Épinal die traditionelle Druckkunst gelehrt, und die alten Bilderbögen erzielen inzwischen einen hohen Verkaufspreis.
Man könnte sie fast als Vorläufer der heutigen Comicstrips ansehen.
Weiter flussabwärts erscheint die hügelige, liebliche Landschaft ganz so, wie *Claude Gellée*, genannt Le Lorrain, sie in seinen Bildern festgehalten hat. Sein Geburtshaus steht in Chamagne.
Der *Canal de l'Est*, von Épinal parallel zur Mosel verlaufend, stellt die Verbindung im Südwesten zur *Saône* und damit zum Mittelmeer her. Weiter nördlich bei *Flavigny* kreuzen sich beide Wasserstraßen in einem imposanten Bauwerk. Weil sich nun die Mosel ihren Weg mit einer weiten Schleife in westlicher Richtung um Nancy herum gesucht hat, ist die Hauptstadt des Départements *Meurthe-et-Moselle* von schiffbaren Wasserwegen umgeben. Ein Tipp für Besitzer von Freizeitbooten: Von der Mosel über *Fléville-sur-Moselle* führt ein Kanal in die Stadt Nancy.

Imagerie d'Epinal® 2007
Epinal

Nancy, die Stadt mit Geschichte und Kunst

Diese Stadt birgt viele Geheimnisse, die es zu entdecken lohnt. Im Mittelalter bildete sich um die Burg des *Herzogs Thiery II*. ein Marktflecken, die heutige Altstadt. Sie erstreckt sich im Norden von dem Stadttor, *Porte de la Craffe* aus dem 14. Jahrhundert, bis zum Ende der *Grande Rue*. Die ursprünglich befestigte viereckige Stadt wird heute im Osten durch den Stadtpark *Parc de la Pépinière* und im Westen vom *Cours Léopold* begrenzt. Der ehemalige Herzogspalast, das bedeutendste Profanbauwerk der Spätgotik in Lothringen, beherbergt das Musée Historique Lorrain. Ende des 16. Jahrhunderts entstand vor den Stadttoren eine Neustadt, so auch zwischen der *Rue Saint Dizier* und *Rue Saint-Georges*, mit den Stadttoren *Porte St. Georges* im Osten und *Porte St. Nicolas* im Süden.

Nach dem polnischen Thronfolgekrieg wurde 1738 im Wiener Frieden Lothringen dem entthronten Polenkönig *Stanislas Leszczynski* unterstellt. Als Schwiegervater Ludwigs XV. holte er zahlreiche Künstler an seinen Hof. Da seine Bauleidenschaft keine Grenzen kannte, verwirklichte er in einem enormen Bebauungsplan die Verbindung der Alt- und Neustadt im Rokokostil. Der von dem Baumeister *Emmanuel Héré* angelegte *Place Stanislas* mit über hundert Metern Seitenlänge bildet das Herzstück. Fünf mit Balkonen und Laternen geschmückte Palais rahmen ihn ein. Das prominenteste Gebäude ist das Hôtel de Ville, von dem der durchreisende Victor Hugo schreibt: „Das Rathaus ist eines der hübschesten, reich verziertesten und bezauberndsten Rokokogebäude, die ich je gesehen habe." Die Ecken des Platzes verzieren imposante vergoldete Kunstschmiedegitter im Barockstil von Jean Lamour und vollendet gestaltete Brunnen des Bildhauers *Barthélémy Guibal.* Dieser Platz wurde in die Liste der UNESCO-Kulturgüter aufgenommen.

Cafés und Restaurants laden zum besinnlichen Verweilen ein. Einen besonderen Kunstgenuss bietet das *Musée de l'Ecole de Nancy* im Südwesten der Stadt. Eine lose Künstlervereinigung, deren Ziel die Begründung und Entwicklung des lothringischen Jugendstils war, hatte sich in der ehemaligen und stilgerechten Villa ihres Mäzens *Eugène Corbin* etabliert. Hier sind einmalige Werke zu bewundern: Glasschöpfungen, Mobiliar und Schmuck des Multitalents Émile Gallé. Hinzu kommen Skulpturen, Glasmosaikfenster, Keramikarbeiten und andere Werke namhafter Künstler. Nicht weit im Südosten von Nancy liegt der Ort Baccarat. Für die alte Glashütte, die sich dort befindet und die im 19. Jahrhundert königliche und kaiserliche Höfe in aller Welt belieferte, arbeiten heute berühmte Designer.

Toul und seine Festungsanlagen

Nun aber wieder zurück an die Mosel, die um Nancy einen großen Bogen schlägt. Ab Neuves-Maisons, wo der *Canal de l'Est* sich mit dem Fluss vereinigt, können jetzt größere Schiffe verkehren. Hier, an dieser günstigen Stelle, hat sich ein bedeutendes Stahlwerk angesiedelt. Die Eisenerze müssen heute auf dem Wasser- bzw. Schienenweg von auswärts angeliefert werden, weil die einheimischen Erze einen zu großen Phosphat- und einen zu geringen Eisenanteil besitzen und deshalb nicht mehr wirtschaftlich verhüttet werden können.

Die Festungsstadt Toul kann auf eine wechselhafte Vergangenheit zurückblicken; von dem im Mittelalter bedeutenden Bischofssitz und der freien Reichsstadt zeugen die gotische *Kathedrale St. Étienne* aus dem 13. bis 15. Jahrhundert und das *Kloster St. Gengoult*. Die alten Festungsmauern sowie die *Porte de Metz* des bekannten Festungsbaumeisters *Vauban* umschließen eindrucksvoll die Stadt. „Essen wie Gott in Frankreich", das ist keine überkommene leere Redensart, der anspruchsvolle Vergleich könnte auch erst heutzutage erfunden werden. Essen,

trinken und genießen bis zum äußersten Raffinement sind unverzichtbare Bestandteile französischer Kultur. Mögen die Deutschen sich kaputt, die Amerikaner sich mit Fast Food krank mästen, Franzosen legen Wert darauf, dass ihre Küche die beste der Welt ist: wobei eine Region mit der anderen um ihre typischen Feinschmeckergerichte wetteifert, so dass selbst der liebe Gott schon mal in Entscheidungsschwierigkeiten geraten soll.
Wir waren bei Freunden in der Nähe von Toul zu Gast. Es gab Gefüllten Karpfen - Carpe farcie, Eiscrème Plombières - Glace Plombières und zum Kaffee Madeleines. Wir möchten Ihnen diese Rezepturen nicht vorenthalten, bevor wir weiter wandern:

Gefüllter Karpfen

Carpe farcie

1 küchenfertiger Karpfen
1,4-1,5 kg, vorzugsweise 1 Spiegelkarpfen, vom Fischhändler geschuppt und ausgenommen

Für die Füllung

2-3	Schalotten
1	Knoblauchzehe
100 g	Champignons
60 g	durchwachsener geräucherter Speck
1 Bd.	glattblättrige Petersilie
2 EL	Öl
20 g	Butter
60 g	Semmelbrösel
	Salz, frisch gem. schwarzer Pfeffer
1	Ei
1	Stange Lauch
2	Mohrrüben
1	Petersilienwurzel
1	Stück Sellerieknolle
2	EL Öl
25 g	Butter
450 ml	trockener Weißwein wie Gris de Toul
3-4	dünne Scheiben Schinkenspeck

1 Den Karpfen waschen und trocken tupfen. Die Schalotten und die Knoblauchzehe abziehen. Die Schalotten fein würfeln und die Knoblauchzehe zerdrücken. Die Champignons putzen und in Scheiben schneiden. Den geräucherten Speck würfeln. Die Petersilie waschen, trocken tupfen und hacken.

2 Das Öl in einem Topf erhitzen. Die Butter zufügen. Die Schalotten darin andünsten. Champignons, Knoblauch und gewürfelten Speck zufügen, einige Minuten weiterdünsten. Nun die Semmelbrösel hinein geben und unter Rühren 2 Minuten leicht rösten. Mit Salz und Pfeffer würzen. Vom Herd nehmen, etwas abkühlen lassen, Ei und Petersilie unterrühren. Die Masse in den Karpfen füllen und in eine genügend große Auflaufform legen. Den Backofen auf 170° C Umluft vorheizen.

3 Das Gemüse waschen und klein schneiden. Das Öl in einem weiten Topf erhitzen. Die Butter zufügen und das Gemüse etwa 3 Minuten darin andünsten. Mit Salz und Pfeffer würzen. Das Gemüse um den Karpfen herum legen. Mit dem Wein begießen und den Karpfen mit den Schinkenspeckscheiben belegen. Gut mit Alufolie abdecken. Im Backofen 50-55 Minuten garen.
Mit kleinen Kartoffeln servieren!

Tipp: Wünscht man die Füllung pikanter, kann man noch 2 gehackte Sardellen oder 2 Teelöffel Sardellenpaste unter die Füllung mischen.

Eiscreme Plombières

Glace Plombières

1 1/4 l Sahne
175 g abgezogene gemahlene Mandeln
1/4 l Milch
8 Eigelb
175 g Zucker
2 EL Mandellikör
1-2 TL Butter
250 g Aprikosenmarmelade

1 3/4 Liter Sahne in einem Topf leicht aufkochen lassen. Mandeln und Milch pürieren und durch ein Sieb zu der Sahne geben. Die 8 Eigelb mit dem Zucker schaumig rühren, bis eine blassgelbe Farbe entsteht. Die Mandelsahne zufügen und bei mäßiger Temperatur unter ständigem Rühren bis kurz vor den Siedepunkt kommen lassen. Vom Herd nehmen und mit Mandellikör aromatisieren. Die Butter darauf geben, damit sich beim Abkühlen keine Haut bildet.

2 Die restliche Sahne steif schlagen und unter die völlig erkaltete Mandelsahne heben. In eine Form füllen und gefrieren lassen.

3 Die Aprikosenmarmelade erwärmen und durch ein Sieb streichen.

4 Zum Auftragen die Form einige Sekunden in heißes Wasser tauchen und die Eiscreme auf eine Platte stürzen. Mit der Aprikosenmarmelade begießen.

Madeleines

Für etwa 12 Stück

2 Eier
40 g Zucker
1/2 TL Orangenblütenwasser
40 g weiche Butter
40 g Mehl
Butter für die Förmchen

1 Den Backofen auf 185° C Ober- und Unterhitze vorheizen. Die Vertiefungen des Madeleines-Blechs oder die einzelnen Madeleines-Formen mit Butter ausstreichen.

2 Die Eier mit Zucker schaumig rühren. Das Orangenblütenwasser und die Butter zufügen. Das Mehl darüber sieben und unterheben. Den Teig nur ca. zu Dreiviertel in die Formen füllen. Im Backofen auf mittlerer Schiene 12-15 Min. backen, stürzen und auskühlen lassen. Nach Belieben mit Puderzucker bestreut servieren.

Tipp: Orangenblütenwasser ist in Feinkostgeschäften erhältlich. Noch vorzüglicher hat uns die Version mit Eau de Vie Mirabelle gefallen. Den Abschluss bildete außerdem ein Gläschen des köstlichen Mirabellengeistes.

Route du Vin et de la Mirabelle

Die Wein- und Mirabellenstraße umfasst das Gebiet der *Appellation Côtes de Toul.* Etwa hundert Hektar erstrecken sich westlich von Toul, und die nach Süden und Osten ausgerichteten Weinberge liegen windgeschützt über der Mosel. Acht kleine Gemeinden, typische geradlinige Straßendörfer mit schönen traditionellen Häusern teilen sich den Weinanbau. Sie produzieren den blassrosa, würzigen, fruchtigen *Vin gris de Toul* aus der dunklen *Gamay-Traube*, den *Pinot noir*, einen kräftigen Rotwein sowie den Weißwein *Pinot blanc* bzw. *Auxerrois*, der sich durch sein fruchtiges Bukett mit leichtem Apfelaroma auszeichnet. Die Weine sind vorwiegend trocken.

Nicht zu übersehen sind in dieser Gegend die vielen Obstgärten mit den dominierenden Mirabellenbäumen, die im Mai in voller Blüte stehen und dann das Land mit betörendem Duft erfüllen. Die goldenen zuckersüßen Früchte geben manchen lothringischen Speisen, Backwaren, Konfitüren, Süßwaren und natürlich auch dem Eau de Vie ihr intensives Aroma.
Etwas moselabwärts beginnt mit dem schon im Jahre 894 n. Chr. urkundlich erwähnten Städtchen *Liverdun* das Gebiet der lothringischen Eisen- und Stahlindustrie. Das Werk in *Pompey* lieferte die über 7.300 Tonnen Stahl, die für den Bau des Eiffelturms zur Pariser Weltausstellung 1889 benötigt wurden.
Hier beendet die Mosel ihre Schleife und strebt in nördlicher Richtung *Pont-à-Mousson* zu, dessen Namensabkürzung PAM weithin ein Begriff geworden ist, denn die meisten Kanaldeckel der Welt entstammen der Eisengießerei dieser Stadt. Älter und sehenswerter sind das bereits von den Römern auf dem Berg Mousson errichtete Kastell, die beeindruckende Abtei der Prämonstratenser, *Abbaye de Prémontrés* aus dem 8. Jahrhundert und die Kirche Saint Martin aus dem 14. Jahrhundert, die zahlreiche Kunstschätze beherbergt.

Metz – die schillernde Metropole

Auf dem Weg nach Norden in das Metzer Land begegnet man bald einem ersten Bauwerk aus vergangenen Zeiten: einem römischen Aquädukt, der Metz mit Quellwasser von Gorze versorgte und von dem noch Teile in *Ars-sur-Moselle* und *Jony-aux-Arches* zu besichtigen sind. Derartige Monumentalbauten vermitteln einen Eindruck von der Größe, dem kulturellen Leben und der Wohnqualität, die die Stadt einmal ausgezeichnet haben. So verfügte Metz über zahlreiche Thermen und ein Amphitheater für etwa 25.000 Zuschauer.

Metz, Zentrum des *Département Moselle*, ist seit 1972 auch die Hauptstadt der *Région Lorraine.* Sie liegt am Zusammenfluss von *Seille* und *Mosel*. Schon lange bevor die Römer 52 v. Chr. die Stadt eroberten, stand hier zwischen den Flüssen auf einer Anhöhe eine Festung der Kelten. Während der römischen Periode wuchs Metz zu einer bedeutenden Stadt an einem Kreuzungspunkt der Handelswege in Süd-Nord-Richtung: Mittelmeer – Trier – Nordsee und in West-Ost-Richtung Reims – Straßburg. Die Stadt wurde vor allem durch den Handel mit Keramik, Wein, Salz und Bausteinen reich. Um 275 n. Chr., mittlerweile Metis Divodurum genannt, wurde sie Bischofssitz und im 6. Jahrhundert Residenz der Merowingerkönige und zugleich Hauptstadt des machtvollen Königreichs Austrasia. Der *Heilige Arnould*, ein Vorfahr Karls des Großen, wurde im 7. Jahrhundert Bischof von Metz. Die *St. Arnould Abtei* pflegte die Kunst der Schrift, der farbigen Miniaturen und der Elfenbeinschnitzerei. Metz wurde eine Stadt der Kunst. 835 n. Chr. fand hier die äußerst prunkvolle Wiedereinsetzung Ludwigs des Frommen als Kaiser statt. Auch die Krönung Karls des Kahlen zum König von West-Lothringen erfolgte 869 n. Chr. im Dom zu Metz.

Im 10. Jahrhundert wurde Lothringen, mit Metz als seiner bedeutendsten Stadt, dem Heiligen Römischen Reich Deutscher Nation angeschlossen und gehörte mit Toul und Verdun zu den drei

Bistümern, die dem Erzbistum Trier unterstellt waren. Im Jahr 1179 übertrug *Bischof Bertram* den Bürgern der Stadt die Rechte, und Metz wurde freie Reichsstadt. 1552 ließ sich der König von Frankreich, *Heinrich II.*, in Metz nieder, und im Westfälischen Frieden wurde die Stadt endgültig Frankreich angeschlossen, wenn auch mit kurzen Unterbrechungen von 1870 bis 1918 und während des 2. Weltkriegs. Nach einer so bewegten Vergangenheit zwischen den beiden Nachbarländern wurde in neuerer Zeit zwischen Metz und Trier eine freundschaftliche Städtepartnerschaft geschlossen.

La Cathédrale St. Etienne, der Stephansdom, überragt das Stadtzentrum und fällt schon von Weitem ins Auge. Auf dem Gang durch die ma-

lerischen Straßen der Altstadt mit vielen alten Bürgerhäusern steht man plötzlich vor dem beeindruckenden Bauwerk. Zahlreiche Kirchenfenster schmücken den Dom. Sie wurden ab dem 13. Jahrhundert bis zur Gegenwart eingelassen und gehören zu den größten Kirchenfenstern Frankreichs. Hier sind auch die herrlichen Fenster, die von *Marc Chagall* gestaltet wurden, zu bewundern. Deshalb wird die Kathedrale im Volksmund auch ´Laterne Gottes` genannt.

Kathedrale und Hôtel de Ville schließen einen weiten Platz, *Place d'Armes,* den Paradeplatz, ein. Ursprünglich befanden sich an dieser Stelle Kapellen, Klöster und Wohnungen des Domkapitels. Im Zuge einer Modernisierung ließ der Gouverneur Ludwigs XV., der Herzog von *Belle Isle,* alle Bauten abreißen und beauftragte den Baumeister *Blondel* mit der Neugestaltung des Platzes. Dieser wurde von 1701 bis 1771 gebaut. Das Rathaus ist im Gegensatz zur Kathedrale im klassizistischen, also nüchternen und gewaltigen Stil errichtet und verkörpert das militärische Gewicht, das die Stadt im 18. Jahrhundert prägte. Rechts neben dem Rathaus wird der Platz vom Hôtel du District begrenzt, hier war früher das Gardecorps stationiert, das die militärische Macht des Königs darstellte. Gegenüber steht das frühere Parlament, das für die gerichtliche Macht steht.

Der Domplatz dahinter sollte seinen Abschluss parallel und baugleich mit dem Bischofspalast und dem Parlament finden, aber die französische Revolution war schneller, und so entstand aus den Mauern eine profane Markthalle. Das Parlament wurde zu Wohneinheiten umfunktioniert. Das im 13. Jahrhundert erbaute Herrschaftshaus St. Livier in der Nähe gehörte der reichen Patrizierfamilie *Gournay* und ist mit seinem aufstrebenden Turm und Zinnen ein gutes Beispiel italienischer Architektur. Zur gleichen Zeit wurde im Inselviertel, von Mosel und Seille umschlossen, der *Place de la Comédie* großzügig gestaltet. Das Theater, das in der Mitte der Gebäude steht, gilt als das älteste Theater Frankreichs.

Saint-Pierre-aux-Nonnains, das älteste Gebäude von Metz, birgt römische, romanische und gotische Elemente in sich, und damit mehr als tausend Jahre Baugeschichte. Im 4. Jahrhundert als weltliche Basilika errichtet, dann im 7. Jahrhundert durch die *hl. Waldrée* zu einem Benediktinerinnenkloster erweitert, wurde dieses schließlich im 16. Jahrhundert in die Befestigungsanlagen integriert. Dieser Bereich ist als Zitadellenviertel bekannt. Aus dem französischen Garten mit seinen Skulpturen von Künstlern der Metzer Schule kann man übrigens die besondere Aussicht auf das Moseltal und den St. Quentinberg genießen.

Das so genannte kaiserliche Viertel wurde während des deutschen Anschlusses um die Jahrhundertwende im neoromanischen Stil mit allen öffentlichen Erfordernissen geplant und erbaut. So entstand ein harmonischer Übergang von den relativ kleinen Häusern im Stil Ludwigs XV., der *Rue de rempart Saint Thiébault* zur Neustadt. Mittelpunkt dieses Viertels ist der imposante Bahnhof.

Metz, die größte Stadt Lothringens, die auch über ein bedeutendes Einkaufszentrum verfügt, fehlt es nicht an Innovation. Dafür steht der östlich der Stadt angelegte *Technopôle Metz 2000.* Verlässt man die Altstadt durch das wehrhafte

Tor *Porte des Allemands*, das aus dem 13. bis 15. Jahrhundert stammt, so erreicht man schnell das von weiten Grünanlagen, dem Wald *Bois la Macabee*, und Golfplatz umgebene Zentrum. Es ist eine futuristisch angelegte Begegnungsstätte von Universität, Industrie und Forschung.
Nach all den anstrengenden Besichtigungen wäre es jetzt wohl an der Zeit für eine erholsame Pause. Dazu bieten sich viele Möglichkeiten an, z. B. Spaziergänge durch Grünanlagen oder entlang der malerischen Ufer von Mosel und Seille.
Im Jahr 2006 wurden die *„Tables de Rabelais"* gegründet, eine Einrichtung, um die gastronomische, kulturelle und historische Seite von Metz hervorzuheben. Dabei stellen Gastwirte und Küchenchefs regionale Gerichte bzw. Menüs vom Mittelalter bis zur Gegenwart mit landestypischen Produkten vor. Von etwa dreißig Gastronomen, die an den *„Tables de Rabelais"* beteiligt sind, haben drei im Jahre 2006 eine Auszeichnung im Michelin *„Guide Rouge"* bekommen.
Der bekannte Humanist, Arzt und Schriftsteller *Francois Rabelais* (1494 – 1553) wirkte von 1545 bis 1547 in Metz. Hier verfasste er auch den Roman *„Quart Livre"*. Derb-kritisch erzählt das Buch die Legende des *Graoullys*. Rabelais´ Haus liegt in der historischen Altstadt, in der Nähe der Kapelle Saint Genest. Nähere Informationen für Reisende erteilt bereitwillig das „Office de Tourisme" in der Nähe der Kathedrale.

Im Inselviertel bietet das Restaurant *Maire* moderne und traditionelle Gerichte mit frischen Produkten der Region an. Dazu hält Yves Maire eine reichhaltige Auswahl der besten Weine Frankreichs bereit.

Restaurant Maire
Rue du Pont des Morts, F-57000 Metz
Tel. 0033 387324312, Fax 0033 387311675
E-Mail: restaurant.maire@wanadoo.fr

Steinpilzrisotto mit Kräutersalat

Risotto aux cèpes avec salade d`herbes fraîches

Für das Steinpilzrisotto

1/2 Zwiebel
1/2 Schalotte
150 g frische Steinpilze
10 g Schnittlauch
40 g Butter
100 g Risottoreis
100 ml Weißwein
350 ml Geflügelbrühe
Salz, frisch gemahlener Pfeffer

1 Die Zwiebel und die Schalotte abziehen und getrennt in feine Würfel schneiden. Die Steinpilze putzen und in Stücke schneiden. Den Schnittlauch in Röllchen schneiden.

2 Die Hälfte der Butter in einem Topf erhitzen. Die Zwiebel darin andünsten. Den Reis zugeben, kurz anrösten, mit dem Wein auffüllen und unter ständigem Rühren kochen lassen. Nach und nach die Geflügelbrühe angießen und unter ständigem Rühren ca. 18 Min. garen, bis der Reis weich ist.

3 In der Zwischenzeit die restliche Butter in einer Pfanne erhitzen und die Steinpilze leicht anbraten. Die Schalottenwürfel zufügen, mit Salz und Pfeffer würzen. Den Pfanneninhalt zum Reis geben. Den Schnittlauch unterheben.

Für den Kräutersalat

gemischte Kräuter wie Kerbel, glattblättrige Petersilie, Estragon, Koriander, Brunnenkresse und Basilikum
50 ml Balsamicoessig
Salz, frisch gemahlener Pfeffer
100 ml Olivenöl, oder selbst zubereitetes Kräuteröl
einige Schnittlauchröllchen

1 Die Kräuter waschen, die Blättchen von den Stielen streifen und mundgerecht zupfen. Balsamicoessig mit Salz und Pfeffer verrühren. Das Olivenöl unterrühren und die Kräuter unterheben.

2 Zum Servieren jeweils mit einem Esslöffel oder Eisportionierer Risottoklößchen formen und mit dem Kräutersalat auf dem Teller anrichten. Mit längeren Schnittlauchröllchen garnieren.

Rose von Lammschulter und Auberginen

Rosace dàgneau aux aubergines

Für 8 Portionen

4	Tomaten
4	unbehandelte Orangen
80 g	Zucker
1,6 kg	ausgelöste Lammschulter
1	Zwiebel
2	Möhren
4	Auberginen
300 ml	Olivenöl
500 ml	Vin gris de Toul
1	Kräuterbündel (Bouquet garni) mit dem Grünen vom Lauch, Thymianzweig, Lorbeerblatt, Kümmelkraut, ersatzweise Kümmelkörner
	Salz, frisch gem. schwarzer Pfeffer
1-2 TL	Kartoffelstärke
1 kl. Bd.	Koriandergrün
	8 Teflonpfännchen von ca. 12 cm Durchmesser

1 Die Tomaten überbrühen, schälen, entkernen und in kleine Würfel schneiden. 2 Orangen mit dem Sparschäler schälen, die Schale in kleine Würfel schneiden und in Läuterzucker einige Minuten kochen (Läuterzucker: 80 g Zucker mit 200 ml Wasser 5 Minuten kochen). Die restlichen 2 Orangen vierteln. Die Lammschulter in feine Scheiben von ca. 30 g schneiden. Die Zwiebel abziehen und die Möhren schaben. Beides in Streifen schneiden. Die Auberginen waschen und in lange, etwa 3 mm dicke Scheiben schneiden.

2 100 ml Olivenöl in einer tiefen Pfanne erhitzen und die Lammschulterscheiben scharf anbraten. Herausnehmen und zur Seite stellen. Zwiebel und Möhren in die Pfanne geben und anbraten. Mit dem Weißwein ablöschen. Das Bouquet garni zufügen, die geviertelten Orangen samt Saft hineingeben. Das Fleisch zufügen, mit grobem Salz würzen und ca. 50 Minuten bei kleiner Hitze kochen. Die Orangen herausnehmen und den Fond durch ein Sieb gießen. Mit Kartoffelstärke binden und mit Salz und Pfeffer abschmecken.

3 Das restliche Olivenöl in einer Pfanne erhitzen und die Auberginen darin beidseitig braten, herausnehmen und auf Küchenkrepp abtropfen lassen.

4 Den Backofen auf 180° C Ober- und Unterhitze vorheizen. Die Teflonpfannen mit Auberginenscheiben so auslegen, dass eine Rose entsteht. Die Ränder überstehen lassen. Die Lamm-Zwiebel-Möhrenmischung darauf geben, die Ränder der Auberginen darüber schlagen. Im Backofen 8 Minuten backen.

5 Die Lammrose aus den Pfännchen nehmen und auf Tellern anrichten. Mit der Sauce benetzen. Mit Tomatenwürfeln, Orangenschalenwürfeln und Korianderblättchen garnieren.

Quittenmousse mit Vanille und Passionsfrucht-Röllchen

Mousse de coings à la vanille,
tuile aux fruits de la passion

1 kg	Quitten
200 g	Zucker
1/2 l	Sahne
1 EL	Vanillezucker
120 g	Butter
1	Eiweiß
275 g	Puderzucker
85 g	Passionsfruchtsaft
85 g	Mehl

1 Die Quitten waschen, das Kerngehäuse entfernen und das Fruchtfleisch in Würfel schneiden. Mit Zucker und 200 ml Wasser im Schnellkochtopf 15 Minuten kochen. Die Masse im Mixer pürieren, durch ein Sieb streichen und kalt stellen. Die Sahne steif schlagen und mit dem Vanillezucker unterheben.

2 Butter in einem kleinen Topf verflüssigen und etwas abkühlen lassen. Den Backofen auf 170° C Ober- und Unterhitze vorheizen. Backblech mit Butter ausstreichen und mit Mehl bestreuen, überschüssiges Mehl ausklopfen.

3 Eiweiß, Puderzucker, Passionsfruchtsaft und Mehl mischen. Die flüssige Butter unterrühren. Mit einem Löffel kleine Kreise auf das Backblech streichen. Einige Minuten backen, sofort vom Blech nehmen und rollen.

4 Quittenmousse in Gläsern oder auf Tellern anrichten und mit den Passionsfrucht-Röllchen garnieren.

Mit Blick auf die Kathedrale befindet sich in der Nähe das

Restaurant
Au Pampre d'Or
Chef: Jean-Claude Lamaze
31 Place de Chambre, F-57000 Metz
Tel. 0033 387741246, Fax 387369692
E-Mail:catherine.lamaze@orange.fr

Nach einem ausgezeichneten Abendessen dort, möchten wir Ihnen das köstliche Dessert nicht vorenthalten:

Apfelstrudel mit parfümierter Butter

Für 12 Portionen

Für den Apfelstrudel

200 g	Rosinen
100 ml	Rum
1,5 kg	Äpfel
50 g	Pinienkerne
500 g	Blätterteig
1	Eigelb
2 EL	Butter
	Puderzucker zum Bestreuen

Für die parfümierte Butter:

20 g	Ingwerconfit
9 g	Zimt
1 g	flüssiger Vanilleextrakt
110 g	Zucker
5 g	Pectine
250 g	Butter

1 Zuerst die parfümierte Butter zubereiten: Sämtliche Zutaten dafür in einen Mixer geben und zu einer festen Masse verarbeiten.

2 Für den Apfelstrudel die Rosinen in Rum einlegen. Die Äpfel schälen und in Würfel schneiden. Mit der parfümierten Butter in einen Topf geben und andünsten. Die Rosinen und die Pinienkerne zugeben. Die Masse in eine Form geben (ca. 50 x 8 cm) und einfrieren.

3 Den Blätterteig in der Größe 50 x 30 cm und 2 mm dick ausrollen. Die gekühlte Apfelmasse darauf stürzen, in den Blätterteig einrollen und auf ein Blech geben. Aus den Resten Streifen schneiden und als Gitter darüber legen. Mit Eigelb bestreichen und 30 Minuten im Kühlschrank ruhen lassen. Den Backofen auf 180° C Ober- und Unterhitze vorheizen und den Strudel 20-30 Minuten backen.

4 Die 2 EL Butter verflüssigen, den Strudel nach dem Backen damit bestreichen und mit Puderzucker bestäuben.

LORRAINE
IMMOBILIER
LORRAINE
IMMOBILIER

Dem Dreiländereck entgegen

Nachdem wir Metz verlassen haben, folgen wir der Mosel durch eine Landschaft, die *Pays de Fer,* Land des Eisens, genannt wird. Hochöfen, Stahlwerke und Großrohrleitungen bestimmen das Bild, und doch gibt es versteckt in der umliegenden Gegend viele malerische Orte, die noch ihren ländlichen Charakter bewahrt haben. *Thionville*, die moderne Industriestadt, hat einen alten Ortskern. Mächtige alte Bäume säumen die Uferbefestigung der Mosel. Hier steht der *Tour aux Puces*, der viereckige Flohturm der mittelalterlichen luxemburgischen Befestigungsanlage.

Ab hier nimmt die Mosel ihren Lauf in Richtung Nordosten und windet sich elegant mit einigen Schleifen durch hügeliges Land. Es bleibt aber noch genug Platz für etliche Industrieunternehmen, die hier um *Cattenom* angesiedelt viele Arbeitsplätze bieten. Einen kurzen Abstecher sollte man allerdings auf keinen Fall versäumen: nach *Rodemack,* das *Carcassonne* des Nordens, das immer noch seine mittelalterliche Ursprünglichkeit bewahrt hat.
Von *Gavisse* begleiten Weinberge die Mosel bis zur Mündung in den Rhein, ein in aller Welt bekanntes Weinanbaugebiet. Die Häuser der dort gelegenen Winzerorte haben viel Flair und erinnern an kleine Winzerdörfer.

Bevor die Mosel Frankreich verlässt, wird sie zu einer großen Schleife gezwungen. An diesem strategisch wichtigen Punkt hatten schon die Römer zum Schutz des Osthandelsweges ihr Kastell *Circum castellum* errichtet. Das mittelalterliche Städtchen im Schutz einer starken Festung nannte sich daraus abgeleitet Sierck. Die im 11. Jahrhundert erbaute Burg diente den Herzögen von Lothringen zeitweise als Residenz. Besonders zu erwähnen ist *Arnold VI.*, genannt der Alte, der 1419 das großartige Schloss *Le Château de Mensberg* in Manderen errichten ließ. *Sierck-les-Bains* ist mit seinen verwinkelten Gassen einen Besuch wert.

Im Restaurant

La Vieille Porte
8, Place Jean de Morbach
F-57480 Sierck-les-Bains
Tel. + Fax: 0033 382 832261

werden Sie mit traditionellen Gerichten des Départements bei exzellentem Moselwein verwöhnt.
Ob zu Fuß, mit Tourenrad, Mountainbike oder sogar auf dem Rücken eines Pferdes kann ein 1994 eingerichtetes Naturschutzgebiet von über hundert Hektar Größe erholsam oder sportlich erkundet werden. Dabei ist eine große Zahl seltener Orchideenarten zu entdecken. Als Ziel bietet sich das *Château de Mensberg,* auch *Château de Malbrouck* genannt, in Manderen an. Am Fuß des Berges liegt in dem kleinen Ort Manderen das ***Hotel-Restaurant Au Relais du Château Mensberg***. Die Familie Schneider sorgt für eine herzliche Atmosphäre in einem gediegenen Haus. Mit seinem Ambiente, den gemütlichen Sitzecken und Kamin bietet das Restaurant alles, was man zur Stärkung nach einer großen Wanderung braucht. Hier kann man die lothringische Küche mit frischen Produkten der Gegend und mit besten Weinen der Moselregion genießen.
Ganz in der Nähe, in *Apach,* befindet sich der ***Bauernhof Fromage Fermier de Chèvre***. Ein Besuch bei Paul und Barbara Hammes lohnt sich. Sie halten eine große Herde Ziegen der alpinen Rasse. Ihre Spezialität ist ein Ziegenkäse von exzellenter Qualität *à la Ferme de Belmach*. Nach ausgiebigen Speisen ist ein Liqueur de Mirabelle der bekannten Destillerie *Artesanale, Eau de Vie* oder *Liqueur de Lorraine* von Jean Marie Leisen in *Petite-Hettange* besonders gut bekömmlich.

In *Montenach*, einem kleinen verschwiegenen, alten Dorf, das von sieben Bergen eingerahmt

ist, lädt das ***Restaurant Auberge de la Klauss*** mit reichhaltiger Auswahl landestypischer Gerichte zur Rast ein.
Seinen Reiseproviant kann man hier mit typisch Hausgemachtem, nicht nur der *Terrine de canard*, einer Pastete aus Entenleber, sondern auch mit Reh, Wildschwein oder spezialgeräuchertem Schinken und mit vielem anderen mehr, zum Beispiel auch Weinen der Region, auffüllen. Unser Favorit war die Kräuter-Quiche.

Kräuter-Quiche

Für eine Quicheform mit hohem Rand von ca. 28 cm Durchmesser

Für den Teig

120 g	Vollkornmehl
60 g	gemahlene Haselnüsse
80 g	Butter
1	Ei
20 g	frische Hefe
	Salz
	Butter und Mehl für die Form

Für den Belag:

160 g	frische Kräuter wie Petersilie, Salbei, Schnittlauch, Minze, Sauerampfer usw., nach dem Putzen sollten ca. 125 g übrig bleiben
3	Eier
200 g	Crème fraîche
100 g	Sahne
100 g	geriebener Hartkäse
200 g	fettreduzierter Frischkäse
1 1/2 TL	Speisestärke
	Salz, frisch gemahlener Pfeffer
	abgeriebene Muskatnuss

1 Das Vollkornmehl mit den gemahlenen Haselnüssen vermischen und auf die Arbeitsplatte geben. Die Butter in Flöckchen darum verteilen. In die Mitte eine Vertiefung drücken. Das Ei und die Hefe hineingeben, salzen und schnell zu einem Teig verkneten. Abgedeckt 1 Stunde bei Zimmertemperatur ruhen lassen.

2 Die Quicheform mit Butter einfetten und Mehl ausstäuben, überschüssiges Mehl wieder abklopfen. Die Form in den Kühlschrank stellen.

3 Inzwischen die Kräuter waschen, putzen, trocken tupfen und hacken.

4 Die Eier, Crème fraîche und Sahne verrühren. Hartkäse, Frischkäse und Speisestärke zufügen, ebenso die Kräuter. Mit Salz, Pfeffer und Muskatnuss gut würzen.

5 Den Backofen auf 200° C Ober- und Unterhitze vorheizen.

6 Den Teig ausrollen, das geht am besten auf Backpapier. Danach den Teig in die Form legen. Den Rand hochziehen. Die Kräuter-Käsemasse hineinfüllen und die Kräuter-Quiche für ca. 50 Minuten in den Backofen stellen. Je nach Bräunungsgrad eventuell nach 30 Minuten auf 190° C zurückschalten.

Tomaten-Ziegenkäse-Terrine

1 kg	Flaschentomaten
1	Gemüsezwiebel
2	Knoblauchzehen
1	rote Paprikaschote
4 EL	Rapsöl
3 EL	Tomatenmark
	Salz, frisch gemahlener Pfeffer
1 TL	Zucker
1 EL	Rotweinessig
1 TL	Paprikapulver, edelsüß
1-2 Msp.	Chilipulver
11 Blatt	weiße Gelatine
1 Bund	Basilikum
350 g	Ziegen-Frischkäse
5 EL	Milch

1 Die Tomaten überbrühen, häuten und in Stücke schneiden. Die Gemüsezwiebel und die Knoblauchzehen abziehen. Die Zwiebel würfeln und die Knoblauchzehen zerdrücken. Die Paprikaschote entkernen und in Stücke schneiden.

2 Das Rapsöl in einem Topf erhitzen und die Gemüsezwiebel darin andünsten. Nach einigen Minuten die Paprikaschote und die Hälfte des Knoblauchs zugeben, nach weiteren 5 Minuten die Tomaten und das Tomatenmark. Mit Salz, Pfeffer, Zucker, Rotweinessig, Paprika- und Chilipulver gut würzen. 30 Minuten bei mäßiger Temperatur kochen lassen, dann pürieren.

3 Die Gelatine getrennt in kaltem Wasser etwa 5 Minuten einweichen, einmal je 7 Blatt und ein mal je 4 Blatt. Die 7 Blatt Gelatine ausdrücken und in der warmen Tomatenmasse auflösen. Abschmecken und in den Kühlschrank stellen.

4 Basilikum waschen, trocken schleudern und hacken, einige Blättchen für die Garnitur zurückbehalten. Frischkäse, Basilikum und den Rest Knoblauch verrühren. Mit Salz und Pfeffer gut abschmecken. Die 4 Blatt Gelatine ausdrücken, in der Milch auflösen und die Frischkäsemasse zufügen. Ebenfalls kühl stellen.

5 Sobald das Tomatenmus geliert, eine Terrinenform von ca. 1,2 Liter Inhalt mit Klarsichtfolie auslegen. Zuerst die Hälfte des Tomatenmuses einfüllen, dann die Frischkäsemasse darüber geben und mit Tomatenmus abdecken. Mit Deckel oder Folie schließen und über Nacht im Kühlschrank fest werden lassen.

6 Die Tomaten-Ziegenkäse-Terrine aufschneiden und mit Basilikumblättchen garniert servieren.

Die Zweiländermosel

Im Aachener Vertrag, der im Jahre 1816 zwischen Preußen und dem Königreich der Niederlande festgelegt wurde, gilt die Mosel als gemeinsamer Fluss, das heißt die luxemburgische Grenze verläuft am deutschen Ufer und die deutsche Grenze am luxemburgischen Ufer. Ein erster Ansatz zum europäischen Gedanken? Immerhin wurde einhundertneunundsechzig Jahre später,

am 14. Juni 1985, an dieser Stelle in Schengen der Grundstein für ein Europa ohne Grenzen gelegt. Heute erinnern eine Bronzeplatte und ein Denkmal an der Anlegestelle an diesen historischen Tag, wo damals die *M. S. Princesse Marie-Astrid* festgemacht hatte, um das Vertragswerk durch die Vertreter der Benelux-Länder, Frankreich und Deutschland unterzeichnen zu lassen.

Von der Europabrücke aus kann man mit einem Blick drei Länder erfassen: im Süden Frankreich, auf der rechten Moselseite Deutschland mit Perl, dem einzigen saarländischen Winzerort an der Mosel und auf der linken Flussseite das Großherzogtum Luxemburg. Der kleine historische Ort Schengen liegt eingerahmt vom Stromberg im Süden und dem Markusberg auf der anderen Seite. Sein Schloss ziert heute viele Weinetiketten mit der Bezeichnung Château de Schengen. Die Zeichnung auf dem Etikett stammt vom französischen Schriftsteller *Victor Hugo*, der sie als Dank für die Übernachtung im Schloss hinterlassen hatte. Der massive Rundturm stammt von einer Wasserburg, zwar aus dem 13. Jahrhundert, aber 1812 ließ der damalige Besitzer *Jean-Nicolas Collart* ein neues Schloss im klassizistischen Stil anstelle der alten Gebäude errichten. Heute ist es im Besitz des Ordens der Elisabetherinnen. Mit viel Liebe wurde ein altes herrschaftliches Haus, das Koch-Haus, erbaut 1779, am neuen Europaplatz restauriert. Es steht europaweit Festveranstaltungen, Seminaren und Versammlungen zur Verfügung.

Die Winzerorte *Schengen, Remerschen und Wintringen/Wintrange* bilden eine Gemeinde. In dem modernen funktionalen Rathaus der Bezirksgemeinde steht man Innovationen positiv gegenüber. So wird eine enge Zusammenarbeit mit benachbarten Gemeinden auf der anderen Moselseite angestrebt. Man kann hier viele Wanderungen oder Radtouren auf den ausgeschilderten Pfaden entlang der Mosel unternehmen und dabei immer wieder herrliche Ausblicke genießen. Die Gegend von *Perl* war schon lange vor der keltischen Zeit besiedelt. Erste urkundliche Erwähnungen stammen aus dem 9. Jahrhundert. Die Kirche mit dem alten romanischen Turm wurde im 15. Jahrhundert errichtet. Bemerkenswert ist das 1733 vom Trierer Domkapitel erbaute barocke Hofhaus-Palais von Nell mit seinen schönen Parkanlagen.
In der letzten Oktoberwoche finden hier Wein- und Kellerfeste statt, denn in *Perl* beginnt die deutsche Wein-Route. Auf der gegenüber liegenden Moselseite ist es die letzebuergesche Waistrooss. Die Bürgermeister beiderseits der Mosel planen und gestalten Volksfeste gemeinsam. Eigentlich beginnt die luxemburgische Weinstraße schon in dem schönen *Mondorf-les-Bains* am Altbach, der auf die Mosel zufließt. Der von der Natur begünstigte Ort liegt in einem Hügelland mit Weingärten, das durch Waldungen gegen den kalten Ostwind geschützt ist. Zum Bad wurde Mondorf, als man Anfang des 19. Jahrhunderts nach Salzlagern forschte und dann bei Bohrungen auf Thermalquellen stieß. Während der *Belle Époque* war Mondorf bei bekannten Persönlichkeiten sehr beliebt. *Victor Hugo, Maurice Ravel, Arthur Rubinstein, Jean Monnet* und viele mehr zählten zu den Besuchern. Das Bad erfreut sich heute immer noch großer Beliebtheit, liegt es doch nahe an Luxemburg Stadt. 1988 wurde das neue Thermalbad eröffnet. Es bietet Kuren bei verschiedensten Erkrankungen an. Das Thermalschwimmbad hat eine konstante Wassertemperatur von 36° C, sowohl innen als auch außen.

Auf dem etwa vierzig Hektar großen, gepflegten Parkgelände befindet sich ebenfalls ein Tagungs- und Kongresscenter. Feierlichen Anlässen steht die geräumige und elegante Orangerie zur Verfügung. Gleich zwei Hotels, eingebettet in Grünanlagen, laden zum geruhsamen Verweilen ein.
Leckere Tagesmenüs mit dazu ausgewählten Weinen bietet das Restaurant *De Jangeli* an. Besondere Menü-Wein-Arrangements werden hier regelmäßig präsentiert.

DOMAINE THERMAL DE MONDORF
Avenue des Bains
L-5601 Mondorf-les-Bains
Großherzogtum Luxemburg
Tel. 00352 23666-0
E-Mail: domaine@mondorf.lu

Ein Abstecher nach Luxemburg Stadt ist schnell gemacht - es sind nur 15 Kilometer und es lohnt sich in jedem Fall.
Wenn man sich nach einem ausgefüllten Tag etwas Besonderes gönnen möchte, ist nach einer telefonischen Reservierung eine kurze Fahrt nach ***Frisange*** angesagt. Dort im ***Gourmet-Restaurant „Léa Linster"*** wird ein Besuch zum bleibenden Erlebnis. Zu jedem Gericht kann un-

ter vielen hervorragenden Weinen auch ein passender Wein aus eigenem Anbau am Hang des „Scheierbierg" bei Remich ausgesucht werden. Mme. Léa Linster hat die höchste internationale Auszeichnung für Köche, den ***„Bocuse d'Or"***, erhalten. Ein eigens für dieses Buch kreiertes Dessert möchten wir Ihnen mit einem besonderen Gruß von Léa Linster vorstellen.

Himbeer-Schokoladen-Herzen

für Verliebte

400 g	Himbeeren
1 TL	Zitronensaft
50 g	Zucker
1 Blatt	weiße Gelatine
200 g	Bitterschokolade und
100 g	Milchschokolade
300 ml	Sahne
2	Eigelb

Für den Himbeersirup

250 g	frische oder tiefgekühlte Himbeeren
75 g	Zucker

1 Von den Himbeeren 200 g besonders schöne aussortieren und beiseite stellen. Die übrigen 200 g mit Zitronensaft und Zucker pürieren und durch ein Sieb passieren. Die Gelatine in kaltem Wasser einweichen. 1 EL Himbeerpüree in einem kleinen Topf leicht erhitzen und die ausgedrückte Gelatine darin auflösen.

2 Die Schokolade klein schneiden oder raspeln und in einer Edelstahlschüssel über heißes, aber nicht kochendes Wasser für etwa 10 Minuten stellen. Mit einem Teller zudecken. Die Sahne steif schlagen.

3 Für den Himbeersirup die frischen oder aufgetauten Himbeeren mit 50 g Zucker in eine Edelstahlschüssel geben und über einem heißen Wasserbad 25-30 Minuten erhitzen und passieren. 40 ml Wasser mit dem restlichen Zucker kochen, um 50 ml Sirup zu erhalten. Die 2 Eigelb mit dem Schneebesen gut verquirlen, mit dem heißen Sirup verrühren und einige Sekunden erhitzen, aber nicht kochen lassen. Durch ein Sieb passieren und mit dem elektrischen Rührgerät schlagen, bis die Masse kalt und steif ist.

4 Die Herzförmchen kalt stellen.

5 Etwas geschlagene Sahne unter die geschmolzene Schokolade heben, und dann alles zusammen behutsam vermischen. Das Himbeerpüree in die Herzförmchen einfüllen und die ausgesucht schönen Himbeeren hineinstellen. Mit Schokoladenmousse auffüllen. Die Schälchen sollen fast voll sein, dann glatt streichen und wieder kalt stellen. Wenn die Mousse fest ist, die Förmchen mit Himbeersirup ganz ausfüllen und nochmals kalt stellen.

6 Zum Servieren die Schälchen mit einer Himbeere und einem Minzeblättchen oder auch mit Schokoladenblättchen garnieren (selbstverständlich können auch andere kleine Schälchen genommen werden).

"Mit einem liebevollen Blick in den Augen servieren. Bon Appetit!" Léa Linster

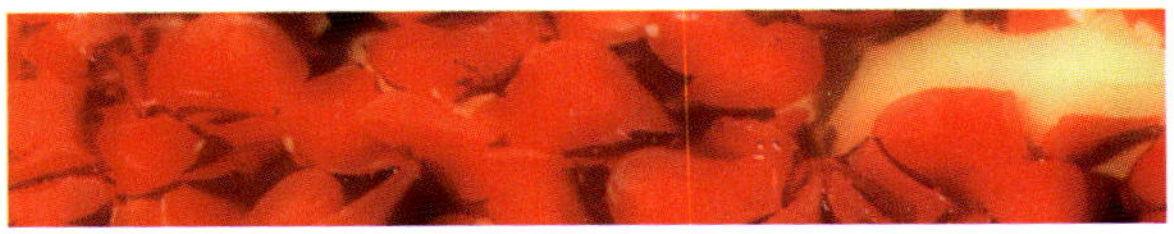

Restaurant Léa Linster
Route de Luxembourg 17
L–5752 Frisange
Tel. 00352 23668411
Fax 00352 23676447
E-Mail: info@lealinster.lu

Ob mit dem Fahrrad oder mit dem Auto, man braucht nicht lange, um das Moseltal zu erreichen. Dann, flussabwärts hinter *Wintringen/Wintrange*, erreicht man den kleinen Winzerort *Schwebsingen/Schwebsange*. Eine alte Kelter im Dorfkern weist auf den Haupterwerbszweig der Bewohner hin. Vor den Stufen zur Kirche aus dem 15. Jahrhundert steht der bekannte Weinbrunnen, der zum traditionellen Weinfest am ersten Sonntag im September statt Wasser gratis Wein spendet. Das benachbarte Wellenstein ist Sitz der größten Kellereigenossenschaft der luxemburgischen Mosel. Vom 1. Mai bis 31. August kann man die Kellerei besichtigen und natürlich auch pröbeln, also kosten. Nach Bech-Kleinmacher, das zur Gemeinde Wellenstein gehört, führt ein schöner Weg durch Weinberge. Als Abschluss lädt das interessante Wein- und Folkloremuseum A Possen zum Besuch ein.

Das *remacum* der Römer, heute Remich genannt, war seit alters her ein bedeutendes Fischer- und Schifferstädtchen. Als Kantonalhauptort ist es zugleich Verwaltungszentrum wichtiger Weinbauinstitute. Ein kleiner Spaziergang durch die engen verwinkelten Gassen lässt die Vergangenheit wieder aufleben. Im Mittelalter Hauptort einer Vogtei, wurde der Ort im Dreißigjährigen Krieg zerstört und später wieder aufgebaut. Am Moselufer laden Cafés und Restaurants zum Verweilen ein.

In manchen Restaurants werden die Küchengeheimnisse streng gehütet. Auf unserer Reise entlang der Luxemburger Mosel war das hier wiedergegebene Rezept so köstlich, dass wir es Ihnen nicht vorenthalten möchten.

Hecht in Kräutersauce

Hiécht mat Kraiderzooss

Für den Fischsud

1	Zwiebel
1	Mohrrübe
1	Stange Staudensellerie
1/2	Stange Lauch
1	Lorbeerblatt
6	Pfefferkörner
1	Stück unbehandelte Zitronenschale
	Salz, Pfeffer
1/4 l	halbtrockener Riesling
1	Hecht, ca. 1,2-1,5 kg

Für die Sauce

8	Blätter Sauerampfer
je 6	Zweige glattblättrige Petersilie, Kerbel und Dill
40-50 g	Butter
2 TL	Mehl
1/4 l	Sahne

1 Das Gemüse für den Fischsud waschen, putzen und klein schneiden. Das Gemüse mit 3/4 Liter Wasser, Gewürzen und Wein in einen Topf geben, 30 Minuten kochen lassen und abseihen.

2 Inzwischen den Hecht schuppen und ausnehmen, oder dies schon vom Fischhändler erledigen lassen. Den Sud möglichst in einen länglichen Fischtopf geben. Den Hecht auf den Siebeinsatz legen, kurz aufkochen lassen und abgedeckt bei mäßiger Temperatur ca. 1 Stunde garen lassen, dann vom Herd nehmen.

3 Sauerampfer und Kräuter waschen, trocken tupfen und hacken, etwas Petersilie für die Garnitur zurück behalten. Die Butter in einem Topf schmelzen lassen. Sauerampfer und Kräuter zufügen und leicht schmoren lassen. Mit dem Mehl bestäuben, kurz durchschwitzen und mit 1/4 Liter Fischsud und der Sahne ablöschen. Mit Salz und Pfeffer würzen und etwas einkochen lassen.

4 Den Hecht auf eine vorgewärmte Platte legen. Mit der Sauce übergießen und mit der Petersilie garniert auftragen.

Tipp: Dazu passen Salzkartoffeln, grüner Salat mit Tomaten oder gedünstete braune Champignons. Nicht zu vergessen der gleiche gute Riesling, der zum Kochen verwendet wurde.
Anstelle von Sauerampfer kann auch Spinat oder Brunnenkresse genommen werden oder nur Kräuter wie Borettsch, Kerbel, Kresse, Petersilie, Pimpinelle und Schnittlauch.

Weiter flussabwärts erreicht man die bekannte Sektkellerei *St. Martin.*
Hundert Jahre bevor die Römer ganz Gallien erobert hatten, bauten die Kelten bei *Stadtbredimus* bereits eine Brücke über die Mosel. Das Schloss dieser kleinen Stadt, urkundlich erstmals 1607 erwähnt, wurde in den Jahren 1647 und 1692 durch die Franzosen zerstört und nach 1724 im heutigen Zustand neu errichtet. 1802 kaufte die Familie *de la Fontaine* das Schlossgut. Ein Nachkomme dieser Familie war *Edmond de la Fontaine*, der luxemburgische Nationaldichter, genannt Dicks. 1867 übernahm er das Bürgermeisteramt von Stadtbredimus. Heute ist das Schloss Sitz der *Vereinigten Winzergenossenschaften Vinsmoselle S. C.* sowie der *Weinbruderschaft St. Kunibert*, die sich der Förderung

des luxemburgischen Weins in Verbindung mit Kultur und Kunst verschrieben hat. Bekanntlich hat sich die Mosel in Jahrmillionen ihr Bett durch das Muschelkalkgebirge gegraben. Daher waren in *Greiveldange* noch bis zum Anfang des 20. Jahrhundert Kalkbrennöfen in Betrieb. Der Ort liegt etwas abseits der Mosel, dafür aber idyllisch von Weinbergen umschlossen.
Der nächste Winzerort moselabwärts ist *Ehnen*. Mit seinen prunkvollen Patrizierhäusern zählt er zu den schönsten Dörfern an der Mosel.
Das gut ausgestattete Weinmuseum ist einen Besuch wert. Es zeigt eine interessante Sammlung alter Winzergeräte, und hier werden die Arbeitsgänge im Weinbau und für die Weinzubereitung erklärt. Im Hinterhof können neben einem Musterweinberg eine Traubenkelter, eine Schmiede, ein Eichamt sowie eine Küferei besichtigt werden. Das Weinmuseum liegt direkt am Moselufer.

Musée du Vin
L-5416 Ehnen, Tel. 00352 760026

Eine Pause könnte man nutzen, um in dem gemütlichen und traditionellen Bamberg's Hôtel-Restaurant die verdiente Mahlzeit einzunehmen.
Wormeldingen/Wormeldange ist mit seinen dreihundertsechzig Hektar Weinbergen anerkanntes Zentrum des luxemburgischen Weinanbaus. Die Koeppchen ist zweifellos eine der besten Weinlagen, zu erkennen an der kleinen Kapelle. Bedingt durch den Muschelkalkboden und die Südhanglage reifen hervorragende Rieslingweine. Jedes Jahr im September findet hier der Wormeldinger Weinmarkt statt. Eine gute Gelegenheit zum Pröbeln bietet der Riesling-Tag am ersten Samstag im August in der *Wäistuff*, einer gemütlichen Weinstube der Genossenschaftskellerei, die von Anfang April bis Ende Oktober geöffnet ist. Die Crémants Poll-Fabaire, Luxembourg, können sich durchaus mit dem Champagner messen. Außer Frankreich ist Luxemburg das einzige Land der europäischen Gemeinschaft, das die Bezeichnung *Crémant* verwenden darf.
Auf der *Route du Vin* erreicht man als nächstes den kleinen Winzerort *Ahn*. Er liegt eingebettet inmitten von Weinbergen zwischen der Mosel und dem steilen Hang des Palmbergs. Im Jahr

1984 vereinigten sich die Winzer und gründeten die *„Confrérie du Palmberg"* mit dem Ziel, die luxemburgischen Moselweine, insbesondere den Riesling zu fördern. Ein neu angelegter Wein- und Naturpfad von etwa 4,5 Kilometern kann erwandert werden. Viele Hinweisschilder geben interessante Auskunft über Natur, Pflanzen, Tiere und natürlich auch über den Weinanbau.
Der kleine Winzerort *Ahn* ist für seine gastronomischen Spezialitäten bekannt. Hier kann man vorzüglich im *Restaurant Mathes* speisen. Es liegt direkt an der Mosel und besitzt eine Gartenterrasse hinter dem Haus mit idyllischem Teich, eingerahmt von Trompetenbäumen.

Restaurant Mathes
37, Route du vin, L-5401 Ahn/Moselle
Tel. 00352 760106, Fax 00352 760645

Gemüsesuppe mit geräuchertem Moselaal

Velouté d´anguille fumé

1	Zwiebel
1	Stange Lauch
2	Kartoffeln
40 g	Butter
250 g	Filet vom Räucheraal
1 l	Geflügelbrühe
1/2 l	Sahne
	Salz, frisch gemahlener Pfeffer

1 Die Zwiebel abziehen und hacken. Den Lauch waschen, putzen und in feine Streifen schneiden. Die Kartoffeln waschen, schälen und würfeln.

2 Die Butter erhitzen. Zwiebel, Lauch, Kartoffeln und die Hälfte des Räucheraals in der Butter andünsten. Geflügelbrühe und Sahne zufügen, mit Salz und Pfeffer würzen und bei kleiner Hitze 45 Minuten ziehen lassen, dann pürieren.

3 Die zweite Hälfte des Räucheraals in Würfel schneiden und zugeben. In tiefen vorgewärmten Tellern servieren und mit kleinen Croûtons garnieren.

Gebratenes Täubchen aus den Vogesen zu süß-saurer Sauce mit Tannenhonig, jungen Möhren, Lauch und glasierten Zwiebeln

Pigeon des Vosges désossé et rôti, sauce aigre-douce au miel de sapin jeunes carottes, poireaux et oignons glacés

4	küchenfertige Täubchen
1	Zwiebel
1	Bund Suppengemüse, bestehend aus Lauch, Möhre und einem Stück Sellerie
2 EL	Öl
50 g	Butter
50 ml	Weinessig
100 g	Tannenhonig
1 l	Geflügelfond
1	Kräuterbündel, aus Petersilie, Thymian und Lorbeerblättern
	Salz, frisch gem. schwarzer Pfeffer
16	Mini-Karotten
16	Mini-Lauchstangen
16	Mini-Zwiebeln
2 EL	Zucker

1 Die Täubchen entbeinen, indem man Schenkel, Brust und Leber auslöst. Die Knochen zerkleinern. Die Zwiebel abziehen und grob würfeln. Das Suppengemüse waschen, trocken tupfen und klein schneiden.

2 Das Öl in einem Topf erhitzen. 20 g Butter zufügen. Die Knochen darin stark anbraten. Das Gemüse zufügen und weiter braten. Mit Weinessig ablöschen. Honig, Geflügelfond und Kräuterbündel zufügen. Mit Salz und Pfeffer würzen. 70 Minuten bei kleiner Hitze kochen lassen. Durch ein Sieb geben und stark reduzieren, bis die Sauce eine cremige Konsistenz hat.

3 Das Mini-Gemüse waschen und putzen. In kochendem Wasser bissfest blanchieren und anschließend abkühlen lassen.

4 Den Backofen auf 200° C Ober- und Unterhitze vorheizen. Die restliche Butter in einer ofenfesten Pfanne erhitzen und die Täubchen auf dem Herd anbraten. Das Mini-Gemüse zufügen, 10 Min. im Backofen fertig garen und abschmecken. Mit dem Zucker bestreuen und nochmals kurz erhitzen, damit alles einen schönen Glanz erhält.

5 Zum Servieren einen Saucenspiegel auf einen vorgewärmten Teller geben, die Täubchen dekorativ darauf anrichten und das Mini-Gemüse dazu legen.

Tipp: Köstliches selbst hergestelltes Eis, garniert mit Früchten, bildet den Abschluss.

Einen Besuch des Weinguts von **R. Berna-Senninger CAVES A. BERNA in der Rue de la Résistance, L-5401 Ahn, Tel. 00352 760208** sollte man nicht versäumen. Die Lagen Hohfels, Pietert, Palmberg, Vogelsang und Göllebour bieten beste Voraussetzungen für gute Weine. Während des Jahres finden hier einige Weinfeste statt, wie das grenzübergreifende *„Bréckefest Wormer a Wencher"*, das Brückenfest zwischen Wormeldange und Wincheringen. Bevor es dann weitergeht, kann man sich noch mit einem Kaffee ***„Beim klengen Wum"*** stärken.
Grevenmacher, die Metropole der Luxemburger Mosel, ist zugleich auch Sitz der ältesten Luxemburger *Genossenschaftskellerei Vinsmoselle* sowie der 1921 gegründeten Sektkellerei *Bernard-Massard*. Alljährlich findet in der Woche nach Ostern ein Weinmarkt statt. Am zweiten Septemberwochenende wird das traditionelle Wein- und Traubenfest mit folkloristischem Umzug gefeiert. Die Altstadt mit ihren schmalen Gassen, Überresten der Stadtmauer und dem historischen Wachturm lässt vor unserem Auge die Vergangenheit wieder aufleben. In die lebendige und bunte Gegenwart wird man versetzt, wenn man den einmaligen Schmetterlingsgarten betritt. Der kleine Winzerort Mertert mit seinem schönen Schlosspark ist Ausgangspunkt für Wanderungen zu den romantischen Schluchten der Syre, einem Nebenfluss der Mosel. Der Moselhafen von *Mertert* wurde im Zuge der Kanalisierung neu gebaut. Er ist Luxemburgs einziger Hafen für den Umschlag von Massengütern wie Stahl, Eisenerz, Kohle und Erdölprodukte.

An der Mündung der aus den Ardennen und Eifel kommenden Sauer in die Mosel liegt Wasserbillig. Schon die Römer benutzten beide Flüsse als Transportwege. Sehenswert sind die Pfarrkirche mit einem Barockaltar aus der Abtei Bernkastel und das Freizeitzentrum mit einem großen Aquarium mit allen in der Mosel und Sauer vorkommenden Fischarten.
Ab hier setzt die Mosel ihren Lauf auf deutschem Gebiet fort. Damit endet hier auch die luxemburgische Weinstraße, und mit dem modernen Ausflugschiff *M. S. Princesse Marie-Astrid* können wir unseren Moselausflug fortsetzen.

Weine und Sekte der Luxemburger Mosel

Die Weinlagen entlang der Mosel zwischen Schengen und Wasserbillig lassen auf einer Länge von etwa zweiundvierzig Kilometern dank dem Muschelkalkboden und der größtenteils sonnigen Hangseite einen Wein von guter Qualität heranreifen.

Welcher Wein passt zu welchem Gericht?

ELBLING, herber und leichter, erfrischender Wein – zu Sauerkrautplatte, gebackenen Moselfischen und Muscheln nach Luxemburger Art.

RIVANER (eine Kreuzung aus Riesling und Silvaner), leicht bekömmlicher und fruchtiger Wein – zu Schollenfilet, Schweinsfüßen und Fleischpasteten.

AUXERROIS, bekömmlicher und zarter, sehr schmackhafter, fruchtiger Wein – zu Rinderfilet, Forellen aus allen heimischen Flüssen und Wild.

PINOT BLANC (trockener Weißburgunder), ein erfrischender, schmackhafter, vollendeter Wein – zu Königinpastete, Ragout, Fisch und Muscheln.

PINOT GRIS (Ruländer), ein edler, würziger Wein – zu Rinderfilet, Roastbeef, Lamm, Hecht in Sahnesauce, Wild und Käse.

RIESLING, auserlesener, fruchtiger, rassiger Wein von Rang mit diskreter Blume – zu Riesling-Pastete, Forellen, gebratenem Fisch, zu einheimischen Krebsen, Austern, Ardennenschinken und Hähnchen in Weinsauce.

GEWÜRZTRAMINER, fruchtiger, edler Wein – zu Gänseleberpastete, Trüffeln, gemischtem Obstsalat und Käse.

Die Deutsche Weinstraße

Vier Brücken stellen eine feste Verbindung zwischen dem deutschen und dem luxemburgischen Ufer der Mosel her, zwischen *Perl* und *Schengen, Nennig* und *Remich, Wincheringen* und *Wormeldange* sowie *Wellen* und *Grevenmacher*. Von *Igel* kommend führt eine Brücke über die Sauer/Sûre nach Wasserbillig.
Wir benutzen die Brücke von Schengen, um mit dem Weinort Perl als Ausgangspunkt die deutsche Weinstraße kennen zu lernen. Neben der

Riesling- und Burgunderrebe gedeiht auf den Muschelkalkböden der rechtsseitigen Obermosel die Elblingrebe besonders gut. Sie wird seit über zweitausend Jahren angebaut. Die Römer nannten sie vitis alba, weiße Rebe. Daraus entstand der Name Elbling. Sie ist, obwohl später austreibend, jedoch etwas früher reif als die Rieslingrebe und damit unseren Klimaverhältnissen besser angepasst. Aus ihr werden Weine mit weniger Alkohol, aber mit herber Frische ausgebaut. Elblingweine bilden eine vorzügliche Basis für Sekt-Cuvées.
Perl-Sehndorf, etwas oberhalb der Mosel von Weinbergen umgeben, sorgte für Aufsehen. Hier wurden jungsteinzeitliche Siedlungen ausgegraben, die beweisen, dass sich hier schon vor über 5.500 Jahren Menschen sicher gefühlt haben, wenngleich noch ohne Wein, denn den brachten erst die Römer.
Sehenswert ist die Römische *Villa Borg*, ein etwa Mitte des 1. Jahrhundert n. Chr. erbauter Gutshof in der Nähe vom Ortsteil *Perl-Borg*. Das ansehnliche Gebäude mit einem vorgelagerten Hofareal verdeutlicht sehr eindrucksvoll die Lebensweise der damaligen Bewohner, beispielsweise Militärübungen der Legionäre oder Gladiatorenkämpfe. In der Taverne kann man sich dann mit römischen Speisen und Getränken stärken.
Auch in *Perl-Besch* wurde eine römische Villa freigelegt. Mosaike und Fußbodenheizung legen Zeugnis ab vom hohen Stand der Wohnkultur vor zweitausend Jahren.

In *Perl-Nennig* ist ein größeres Fußbodenmosaik gut erhalten, es zeigt Gladiatorenkämpfe. Mit seinen 160 qm gehörte es zu einem Empfangssaal einer imposanten römischen Villa mit insgesamt etwa einhundert Metern Frontlänge.

Saarländischer Moselwein wird seit Generationen hier angebaut – nachweislich seit 1720. Das *Weingut Karl Petgen* hat sich dem naturnahen Weinbau verschrieben, das heißt, es kommen keine Herbizide zum Einsatz. Auf den mehr als acht Hektar großen Rebflächen in der Umgebung und an den Hängen von „Schloss Berg" werden neben Burgundersorten auch Elbling, Riesling, Müller Thurgau und Gewürztraminer angebaut. Erfahrung und moderne Keltertechnik versprechen gut ausgebaute Weine – trocken, spritzig und fruchtig. In der eigenen Edelobstbrennerei werden aus eigenen Früchten wie Mirabellen, Williamsbirnen, Zwetschgen, Äpfeln, Quitten und Trauben Edeldestillate gebrannt.

Weingut Karl Petgen

Martinusstraße 4a, D-66706 Nennig
Tel. 06866 239, Fax 06866 1323
E-Mail: info@karl-petgen.de

Weithin sichtbar steht inmitten von Weinbergen *Schloss Berg*, heute Luxushotel mit Restaurant und Spielkasino. Für kulinarische Höhenflüge ist auch gesorgt, ob im Gourmetrestaurant, im urgemütlichen Weinkeller oder in der „Scheune", der nostalgischen guten Stube.

Einige Kilometer flussabwärts erhebt sich auf einem Felsen über der Mosel das prächtige, nach den Zerstörungen des letzten Krieges nun vollständig restaurierte *Schloss Thorn*. Das Hauptgebäude des Schlosses entstand um 1800. Von der mittelalterlichen Burganlage ist noch der alte Torturm erhalten. Der heutige Schlossherr, Dr. Georg Baron von Hobe-Gelting, hat 1974 das Schloss-Weingut von seinem Vater übernommen. Es ist das älteste Schloss-Weingut an der Mosel mit einer großen Elbling-Produktion. Zwanzig Hektar Weinberge werden auf den Muschelkalkhängen der Mosel bewirtschaftet. Der Baron legt großen Wert auf frische, trockene Weißweine bester Qualität, wenngleich seine besondere Liebe einer eher seltenen Spezialität, dem roten Elbling gilt, den er zu einem Spitzengewächs kultiviert hat. In Anerkennung hervorragender Leistungen im Weinbau wurde das Schloss-Weingut im renommierten Weinführer Gault Millaut ausgezeichnet. Der Besuch des historischen Schlosses, verbunden mit einer Weinprobe an einer der größten erhaltenen Baumkelter der Welt, ist sehr lohnenswert. Diese imposante Baumkelter hat einen fünfzehn Meter langen Baum und wird mit einem zwölf Tonnen schweren Stein beschwert.

Gutsverwaltung Schloss Thorn

D-54439 Schloss Thorn
Tel. 06583 433, Fax 06583 1433
E-Mail: weingut@schloss-thorn.com

Palzem ist ein ruhiger Weinort mit Tradition. Der Elblingrebe wird hier der Vorzug gegeben. Das Wahrzeichen von *Wincheringen* ist der mittelalterliche Rundtum.
Nittel gilt mit seiner großen Elblinganbaufläche als Zentrum des Weinbaus an der deutschen Obermosel. Vom Hügel der kleinen zweischiffigen St. Rochus Kapelle mit spätgotischem Chor kann man einen herrlichen Ausblick über das Moseltal mit seinen Dolomitfelsen und den luxemburgischen Weinort Machtum genießen.
Wellen, durch eine Brücke mit Grevenmacher verbunden, verdankt seinen Reichtum nicht nur dem Wein, sondern hauptsächlich dem Dolomitkalk, der bergmännisch über und unter Tage abgebaut und zu Zement verarbeitet wird.
Vom ruhigen Weinort *Temmels* sollte man einen Abstecher zum höher gelegenen *Tawern* nicht versäumen. Dort wurde ein Tempelbezirk aus der Römerzeit ausgegraben und mit Umgangshallen, Priester- und Pilgerhäusern rekonstruiert. Reisende aus Gallien konnten vom Metzenberg schon mal einen ersten Blick über die Saarmündung hinweg auf ihr Ziel, Augusta treverorum – Trier, werfen.
Wieder unten am Moselufer angekommen, ist es nicht mehr weit bis *Oberbillig*, das nur deshalb ein ruhiger Weinort ist, weil Straße und Schiene oberhalb am Hang entlang führen.
Durch schmale Gassen geht man hinunter zur Anlegestelle der Fähre, die den Ort mit dem gegenüber liegenden *Wasserbillig* verbindet. Wer sich über die Moselfischerei informieren möchte, erfährt alles Wissenswerte im Fischereimuseum theoretisch und im Restaurant nebenan mundgerecht.

Von *Wasserliesch*, das erhöht am Moselhang liegt und das Tor zur Obermosel genannt wird, hat man einen schönen Blick auf das sich öffnende weite Moseltal bei Trier.
Die Elbling-Route endet schließlich in *Igel* auf der anderen Moselseite. Es liegt malerisch unter steilen Felsen aus Buntsandstein und Muschelkalk. Einstmals war es eine bedeutende Zollstation für den durchlaufenden Warenverkehr. Ein Wahrzeichen ist die Igeler Säule.

„Auf dem Weg von Trier nach Luxemburg erfreute mich bald das Monument in der Nähe von Igel. Die Mosel fließt unmittelbar vorbei, mit welcher sich gegenüber ein ansehnliches Wasser, die Saar, verbindet. Die Krümmung der Gewässer, das Auf- und Absteigen des Erdreichs, eine üppige Vegetation, geben der Stelle Lieblichkeit und Würde."

So berichtet Johann Wolfgang von Goethe, als er am 26. August 1792 auf dem Weg nach Frankreich vor der Igeler Säule verweilte. Er begleitete seinen Herzog als Kriegsberichterstatter.
Moselabwärts hinter Zewen, idyllisch am Moselufer gelegen, erwartet den Reisenden das Schloss Monaise. Domdechant Graf von Walderdorff ließ es sich 1783 im frühklassizistischen Stil als Sommersitz erbauen. Hier kann man es sich ebenso gut gehen lassen, denn im ehemaligen Salon hat sich ein gehobenes Restaurant etabliert. Hauskoch Hubert Scheid mit seiner Auszeichnung der hundert besten Köche Deutschlands, ist stets um kulinarische Genüsse seiner Gäste bemüht.

Schloss Monaise
D-54294 Trier-Zewen
Tel. 0651 828670, Fax: 0651 828671
E-Mail: monaise@t-online.de

Eintopf von Krebsen und Pfifferlingen

250 g	Pfifferlinge
1	Knoblauchzehe
1	Schalotte
je 10 g	Petersilie u. Kerbel
20	große küchenfertige Krebse
1/8 l	Mosel-Riesling
4 cl	Martini, weiß
	Salz, Cayennepfeffer
1	Frühlingszwiebel
100 g	Butter
100 ml	Sahne
100 g	zarte Erbsen, Pfeffer

1 Die Pfifferlinge putzen und entstielen. Abputz und Stiele aufheben. Die Knoblauchzehe und die Schalotte abziehen. Die Schalotte hacken. Petersilie und Kerbel waschen, trocken tupfen, die Blättchen von den Stielen zupfen und hacken. Die Krebse ca. 4 Minuten kochen, ausbrechen, Schwänze beiseite legen. Krebskarkassen, Pfifferlingsstiele und -abschnitte, die Schalotte, die Hälfte des Knoblauchs, Mosel-Riesling und Martini mit ca. 300 ml Wasser aufkochen, mit Salz und Cayennepfeffer würzen und weitere 30 Minuten köcheln lassen. Durch ein feines Sieb passieren und die Flüssigkeit auf 300 ml reduzieren.

2 Die Frühlingszwiebel waschen und klein schneiden. Den restlichen Knoblauch hacken. In einem Topf 40 g Butter aufschäumen. Die Frühlingszwiebel darin andünsten. Knoblauch und danach die Pfifferlinge zugeben. Mit dem Krebsfond auffüllen. Die Sahne schlagen. Die restliche kalte Butter in Stücken zufügen. Krebsschwänze, Zuckererbsen, Kerbel und Sahne einrühren. Mit Salz und Cayennepfeffer abschmecken.

Gefüllte Fasanenbrust auf Teerdich in Weintraubensauce

Für die Sauce und die Fasanenbrüste

100 g	Schalotten
100 g	Möhren
50 g	Sellerie
50 g	Bauchspeck
2	ganze küchenfertige Fasane
4	Scheiben rohe Gänseleber à 30 g
	küchenfertiges Schweinenetz
50 g	Gänseschmalz
1	Lorbeerblatt
400-500 ml	Mosel-Riesling
3/4 l	Geflügelbrühe
20 g	helle Weintrauben
75 g	Crème fraîche
	Salz, frisch gemahlener Pfeffer
3 EL	Öl zum Braten der Fasanenbrüste

Für das Sauerkraut

2	Zwiebeln
250 g	Sauerkraut
2 EL	Gänseschmalz
1/4 l	Mosel-Riesling
1/4 l	Geflügelbrühe
1	Gewürzbeutel bestehend aus 4 Wacholderbeeren, 2 Nelken, 1 Lorbeerblatt 1/2 TL Kümmel
125 g	Bauchspeck mit Schwarte

Für das Kartoffelpüree

250 g	Kartoffeln (Pommes de terre Charlotte)

80 g	Butter
50 g	Sahne
	Salz, abgeriebene Muskatnuss

1 Das Gemüse waschen, trocken tupfen und in Würfel schneiden. Den Bauchspeck ebenfalls klein schneiden.

2 Die Fasanenbrüste von den Karkassen lösen. In die Brüste eine Tasche schneiden und diese mit der rohen Gänseleber füllen, mit Schweinenetz umwickeln und kalt stellen.

3 Die Karkassen mit den Keulen klein hacken. Das Gänseschmalz möglichst in einen gusseisernen Topf geben, erhitzen und darin Karkassen und Keulen anbraten. Bei 200° C Ober- und Unterhitze in den Backofen geben. Nach 10 Minuten Speck, Lorbeer und das Gemüse zugeben, weitere 25 Minuten im Ofen rösten. Aus dem Ofen nehmen, mit dem Mosel-Riesling ablöschen und die Geflügelbrühe angießen. 1 1/2 Stunden auf sehr kleiner Flamme kochen lassen. Passieren und etwas einkochen. Die Weintrauben abziehen und entkernen. Crème fraîche einrühren und die Weintrauben zufügen. Mit Salz und Pfeffer abschmecken und zur Seite stellen.

4 Die Zwiebeln abziehen und hacken. Das Sauerkraut in etwas Wasser kurz aufkochen und abseihen. Das Gänseschmalz erhitzen und die Zwiebeln darin andünsten, Sauerkraut zufügen und mit dem Riesling ablöschen. Die Geflügelbrühe angießen. Gewürzbeutel und Bauchspeck zugeben und in 40-50 Minuten gar kochen.

5 Für das Kartoffelpüree die Kartoffeln waschen, in der Schale kochen, pellen und durchpressen. Butter und erhitzte Sahne unter Rühren zufügen. Mit Salz und Muskatnuss gut abschmecken.

6 Den Backofen auf 180-200° C Ober- und Unterhitze vorheizen. Die Fasanenbrüste salzen und pfeffern. Das Öl erhitzen und die Brüste darin anbraten. In den Backofen geben und 5-8 Minuten garen. In Alufolie einschlagen und ruhen lassen.

7 Zum Anrichten Gewürzbeutel und Bauchspeck aus dem Sauerkraut entfernen. Sauerkraut und Kartoffelpüree mischen, so dass wir den Teerdich erhalten. Jede Fasanenbrust in drei Teile tranchieren. Die Sauce erhitzen. Den Teerdich auf vorgewärmte Teller geben, die Fasanenbrust darauf anrichten, die Sauce angießen und servieren.

Guten Appetit wünscht Ihnen Hubert Scheid!

Auf ihrem Weg zum Rhein hat die Mosel ihre Kinderstube Frankreich verlassen, hat grenzverbindend das Großherzogtum Luxemburg sowie das Saarland passiert und schlängelt sich nun durch Deutschland, um genauer zu sein, durch Rheinland-Pfalz. In *Konz*, wie Koblenz, von lateinisch confluentes, gewinnt sie ihre bedeutendste Verbündete, die Saar, dazu und ist nun ein imposanter Fluss, der wenige Kilometer weiter die älteste deutsche Stadt, *Trier*, erreicht.

Die älteste Stadt Teutschlands

„TRIER – Die Haupt u
Residenz Stadt des Ch
fürsten an der Mosel, w
che vor die Älteste Statt
ganz Teutschland gehalt
wird, ja viel älter als R
selbst sein solle, wird so
das andre Rom genant w
gen der Antiquitaeten,
alda anzutreffen,
ihr Haupt Fluß ist die Mos
das Land herum ist köstli
gut und voll Weins."
A. D. 1675

„Die Stadt ist eine halbe Stunde lang, aber im Innern liegen viele große Gärten. Die Straßen sind zum Teil regelmäßig und breit, und man sieht manch schönes Gebäude."
So besagt es eine Stadtbeschreibung um 1820.

Für einen Erkundungsgang durch Trier sollte man sich allerdings etwas mehr Zeit gönnen, denn Zeugnisse aus allen Epochen der Stadt verdeutlichen auf anschauliche Weise ihre wechselvolle Geschichte. 1984 feierte Trier sein 2.000jähriges Jubiläum. Colonia Augusta Treverorum nannten die Römer die Stadt, die sie zu Ehren des Kaisers Octavianus Caesar Augustus im Jahre 16. v. Chr. am Fuße eines keltischen Heiligtums gründeten. Es ist anzunehmen, dass die Kelten schon viel früher an gleicher Stelle gesiedelt haben, und so ist es nicht verwunderlich, dass selbstbewusste Trierer ihre Stadtgründung 1.300 Jahre vor Rom festmachen, wie eine Inschrift am Roten Haus von 1684 dokumentiert:

ANTE ROMAM TREVERIS STETIT ANNIS MILLE TRECENTIS PERSTET ET AETERNA PACE FRUATUR. AMEN!

Bereits 1.300 Jahre vor Rom stand Trier. Möge es weiter bestehen und sich ewigen Friedens erfreuen. Amen!
Ende des 2. Jahrhunderts haben die Römer nach einem Germaneneinfall Augusta Treverorum durch eine starke Mauer mit vier Stadttoren gesichert. Die Porta Nigra im Norden ist als einziges Tor erhalten geblieben, weil sie zeitweise durch eine Doppelkirche mit stadtseitiger großer Freitreppe überbaut war. Napoleon ließ 1803 den ursprünglichen Zustand wieder herstellen.
Folgt man dem Alleenring Richtung Mosel, so erreicht man schnell die Römerbrücke, die etwa Mitte des 2. Jahrhunderts n. Chr. errichtet wurde. Der Trierer Kurfürst Erzbischof Balduin von Luxemburg ließ 1343 die hölzerne Fahrbahn durch Steinböden ersetzen. Nach Zerstörung der Brücke im Jahre 1687 durch die Franzosen entstanden die heutigen Bögen aus Sandstein. Erstaunlich, dass die ursprünglich römischen Brückenpfeiler bis heute der erhöhten Verkehrsbelastung standhalten.
Weitere Bauten der Römer, die jedoch die Jahrhunderte nicht so gut überstanden haben, sind in der Nähe der Südallee – Kaiserstraße. Hier stehen das frühere Forum, die Barbara-Thermen, Kaiserthermen, Forumthermen und das Amphitheater.
Die Barbara-Thermen, die noch im 5. Jahrhundert benutzt wurden, zählten zu den größten Thermen des Römischen Reiches überhaupt. Zuvor waren – nicht weniger groß – die Kaiserthermen erbaut worden. Sie verdanken ihre Existenz der Erhebung von Trier zur Kaiserresidenz im Jahre 286 n. Chr. Es ist Konstantin I., römischer Kaiser von 306 bis 337 n. Chr., gewesen, der sich die ersten zehn Regierungsjahre vornehmlich in Trier aufhielt und ein enormes Bauprogramm verwirklichen ließ. So wuchs die Moselstadt zu einer angesehenen Metropole, vergleichbar mit Rom oder Alexandria, heran. Kaiser Konstantin I. erklärte das Christentum zur Staatsreligion. Er kann somit als Begründer des christlichen Europas angesehen werden.
Die Forumthermen, die 1987 durch Zufall entdeckt wurden, sind heute in ein Museum eingegliedert, das von Oswald Mathias Ungers gebaut wurde.
Am Fuße des Petrisbergs liegt das gewaltige Amphitheater, das etwa 20.000 Zuschauern

Platz bot. Es lässt die Größe der damaligen Stadt mit etwa 80.000 Einwohnern erahnen. Wenn auch vom Mittelalter bis zum Anfang des 19. Jahrhunderts lediglich ca. 10.000 Menschen die Stadt bewohnten, hat sie heute mit etwas über 100.000 Einwohnern den römischen Status nur wenig überschritten.

Auf dem Rückweg zur Innenstadt erreicht man bald die Palastaula Konstantins, eine riesige Basilika von 67 Metern Länge, 27 Metern Breite und 30 Metern Höhe. Um 310 n. Chr. erbaut, diente sie als Thronsaal, ist umgeben von Seitenhallen und einer Vorhalle. Vom einst prunkvollen Innenausbau mit Marmor, Goldmosaik, Wand- und Fußbodenheizung und riesigen verglasten Fenstern ist nichts übrig geblieben. Das Gebäude besteht heute nur noch aus dem mächtigen unverputzten Ziegelmauerwerk, so wie es im 19. und 20. Jahrhundert ergänzt, bzw. restauriert wurde. Immerhin wurde das Gebäude seit seinem Bestehen ständig genutzt. Nach den Römern diente es den Frankenkönigen aus der Pfalz, seit dem 13. Jahrhundert den Trierer Erzbischöfen. Beim Bau des neuen kurfürstlichen Palais im 17. Jahrhundert wurden die Ost-Südwand und die Vorhalle der Palastaula abgerissen, der Rest des Gebäudes wurde integriert. König Friedrich Wilhelm von Preußen ließ Mitte des 19. Jahrhunderts den ursprünglichen Zustand wiederherstellen. Seit 1856 wird die Basilika als

evangelische Kirche und als Konzertsaal genutzt. Das kurfürstliche Palais im Renaissance-Stil ist heute Sitz der Bezirksregierung.

Der Dom, der dem Hl. Petrus geweiht ist, vereinigt Stilelemente aus zwei Jahrtausenden, von der Römerzeit bis zur Moderne. In spätrömischer Zeit war der Dom eine dreiteilige Großkirche, die an der Stelle des niedergelegten Palastes der Kaiserin Helena errichtet wurde. Die Gesamtanlage erstreckte sich damals bis zum Hauptmarkt. Die Zwillingskirche Liebfrauen, direkt neben dem Dom gelegen, wurde nach dem Abriss der Römischen Südkirche 1235 bis 1260 erbaut und gilt als die älteste frühgotische Kirche Deutschlands. Der Hauptmarkt mit seinen stolzen und schmucken Häusern in verschiedenen Baustilen ist Mittelpunkt städtischen und touristischen Lebens und setzt einen Kontrapunkt zu der „klerikalen" Stadt. Kirchliche und weltliche Konkurrenz spiegeln sich auch in der Geschichte einiger Denkmäler wider. Das Marktkreuz, 958 n. Chr. von Erzbischof Heinrich als Zeichen des Marktrechtes auf dem Markt an der Grenze der Domfreiheit errichtet, verkörpert beides: geistliche und weltliche Autonomie. Damit wurden die Weichen für die Entwicklung der Stadt im Mittelalter gestellt. Der 1595 von Erzbischof Johann VII. errichtete Marktbrunnen mit dem Trierer Stadtpatron, dem Heiligen Petrus, und den vier Haupttugenden Klugheit, Gerechtigkeit, Mäßigkeit und Stärke sollte als Erinnerung verstanden werden, die von den Bürgern angestrebte Reichsunmittelbarkeit in Grenzen zu halten. Das Selbstbewusstsein der Stadtbürger spiegelt sich in dem Zinnen gekrönten, stark an einen Turm erinnernden Gebäude, der Steipe, wieder. Die Steipe wurde 1430 bis 1483 errichtet. Steipen ist ein altes Wort für Stützen, auf denen ein Gebäude ruht. Das benachbarte Rote Haus von 1684 wird vom stolzen, bereits erwähnten Spruch vom sagenhaften Alter der Stadt geziert. An der Südseite ist die Marktkirche St. Gandolf so von Häusern eingerahmt,

dass eigentlich nur der mächtige Turm zu sehen ist. Den Zugang bildet ein barockes Tor von 1732. Etwas weiter auf der Simeon-Straße befindet sich das spätbarocke Haus Nr. 8, wo Karl Marx seine Jugend verbracht hat.

Interessant sind einige mittelalterliche Wohntürme, wie etwa der so genannte Frankenturm aus dem 11. Jahrhundert. Sie wurden von den Rittern, die im Dienste der Stadt standen, erbaut. Dazu zählt auch das um 1235 erbaute Dreikönigenhaus im spätromanisch-frühgotischen Stil. Der Eingang lag früher in etwa sechs Metern

Höhe und konnte nur durch eine Treppe erreicht werden, die bei Gefahr hochgezogen wurde.

Ohne Zweifel hat der Weinanbau das Moselland geprägt. Nach den Römern war es vor allem die Kirche, die den Weinbau gefördert hat. Wer Trier einen Besuch abstattet, der ist gut beraten, die Vereinigte Hospitien und ganz besonders die Bischöflichen Weingüter zu erkunden.

Die Geschichte reicht weit zurück. Auf diesem Gelände am Moselufer ließ Kaiser Konstantin um 330 n. Chr. eine horrea, einen Speicher errichten, um Vorräte und Wein zu lagern. Im 7. Jahrhundert wurden die Lagerhäuser in die Benediktinerinnenabtei St. Irminen umgewandelt. Nach der Säkularisation ließ Napoleon 1804 im Kloster ein Hospital, die Vereinigte Hospitien, einrichten. Die in der Umgebung vorhandenen mittelalterlichen Hospitäler, Armen-, Waisen- und Leprosenhäuser sollten mit eingebunden werden. Bis heute hat sich diese soziale Einrichtung erhalten und bewährt.
Dasselbe gilt auch für den umfangreichen Weinan- und -ausbau. Bevorzugt wird die Rieslingtraube, die nachweislich schon 1464 in den Rechnungsbüchern des Hospitals St. Jakob erwähnt wird. Insgesamt werden 25 Hektar Weinbergflächen in besten Lagen an Mosel, Saar und Ruwer bewirtschaftet, davon wird neben Burgundersorten wie Grauer-, Weißer- und Blauer- (Spät-) Burgunder, zu neunzig Prozent der Riesling angebaut. Die Lagen an der Mosel sind Trierer Augenscheiner und Piesporter Goldtröpfchen. An der Saar sind es Serriger Schloss, Saarfelder Schlossberg, Wiltinger Hölle, Kanzemer Altenberg, Scharzhofberger und Wiltinger Kupp. Die noch aus römischer Zeit stammenden großen Gewölbekeller dienen heute als Weinlager. Bei romantischem Kerzenschein bieten sie einen repräsentativen Ort für Weinproben.

Vereinigte Hospitien
Stiftung des öffentlichen Rechts
Kranenufer 19, D-54290 Trier
Tel. 0651 9451210/11
Fax 0651 9452060
E-Mail: weingut@vereinigtehospitien.de

„Speisen wie die alten Römer" kann man in der Weinstube Zum Domstein gegenüber dem Marktbrunnen. Die Speisen werden nach Originalrezepten aus dem Kochbuch De arte coquinaria des berühmten römischen Kochs und Feinschmeckers Apicius zubereitet. Er lebte unter Kaiser Tiberius von 42 v. Chr. bis 37 n. Chr. in Rom.
Bereits in der vierten Generation führt Familie Gracher das Restaurant. Frau Rosemarie Gracher hat sich als erste intensiv mit Speisen und Getränken der Römerzeit befasst. Die Tradition wird fortgeführt.

Weinstube und Restaurant Zum Domstein
Hauptmarkt 5, D-54290 Trier
Tel. 0651 74490, Fax 0651 74499
E-Mail: info@domstein.de

Mulsum

Honigwein

700 ml herber Weißwein
3 1/2-4 EL Honig
1 Stück Zimtstange
Aniskörner

1 Ein Viertel des Weins mit Honig aufkochen. Zimtstange und Aniskörner in ein Mullbeutelchen geben, dieses in den Honigwein hängen und ziehen lassen.

2 Mullbeutelchen entfernen, in eine Flasche füllen und mit dem restlichen Wein auffüllen, gut durchschütteln. Die wieder verkorkte Flasche zwei Wochen kühl stehen lassen.

Lucanica

Lukanische Würstchen

1/2 Brötchen
125 ml Wein
2 Sardellenfilets
240 g Hackfleisch
1 Ei
je 1 TL geschroteter Pfeffer, Kümmel, Bohnenkraut, Raute, gestoßene Lorbeerblätter, Petersiliensamen, gehackte Petersilie
100 g Pinienkerne
ca. 5 EL Öl

1 Das Brötchen klein schneiden und im Wein einweichen. Sardellenfilets hacken. Mit Hackfleisch, Ei, zerdrücktem Brötchen und Gewürzen mischen. Fingerlange Würstchen formen und in Pfeffer und Pinienkernen wälzen.

2 Das Öl erhitzen, die Würstchen darin braten. Lauwarm servieren. Dazu passt Bohnensalat.

Copadiae
jus album in copadiis
Kalbsschnitzelchen in weißer Pinienkernsauce

120 g Pinienkerne
1/2 TL Raute
1/2 Brötchen
1/2 kleine Zwiebel
1 Sardellenfilet
4 EL Olivenöl
4 EL Sahne
12 kleine, dünne Kalbschnitzelchen
4 Zitronenscheiben
Dillzweige zum Garnieren

1 Die Pinienkerne mit Raute einige Stunden in Wasser einweichen. Das Brötchen ebenfalls in Wasser einweichen. Alles zusammen pürieren. Die Zwiebel abziehen und hacken. Das Sardellenfilet klein schneiden.

2 Die Hälfte des Öls in einem Topf erhitzen. Die Zwiebel darin andünsten. Pinienkerngemisch zufügen und weiterdünsten. Mit der Sahne ablöschen.

3 Das restliche Öl in einer Pfanne erhitzen. Die Schnitzelchen darin auf beiden Seiten braten und in eine vorgewärmte Schüssel oder Platte geben. Die Sauce darauf geben und mit Zitronenscheibe und Dillzweig garnieren.

Ova Spongia ex Lacte
Omelette mit Mandeln und Honig

Ergibt 4 Omelette

6 Eier
1/4 l Milch
8 EL Öl
4 EL Honig
4 EL Mandelblättchen

1 Die Eier mit Milch und der Hälfte des Öls verrühren.

2 Die andere Hälfte des Öls in einer Pfanne erhitzen und einen Teil der Eiermischung hineingießen. Wenn das Omelett gar ist, auf einen heißen Teller oder eine Platte gießen und mit Honig und Mandelblättchen bestreuen. Die drei weiteren Omeletts auf die gleiche Art zubereiten.

Um Trier und das Moseltal in aller Ruhe von oben betrachten zu können, braucht man nur mit der Seilbahn über die Mosel zum ehemaligen Herrenhaus Weißhaus hinaufzufahren. Von dort erblickt man rechts die Kaiser-Wilhelm-Brücke mit der Schiffsanlegestelle und das Zurlaubener Ufer, wo sich früher eine Fischer- und Schiffersiedlung befand. Vor den fast zweihundert Jahre alten Häusern liegt eine Promenade mit bunten Gärten und mit Weinlaub umrankten Lauben und Pavillons. Urige Gaststätten laden zum Verweilen ein, wie etwa En de Lauben bei Walter Krewer, genannt Emsig. Bei den im Laufe des Jahres zu bewältigenden Festen wie Karneval, dem Mosel- und Heimatfest Anfang Juli sowie den zahlenmäßig nicht festgelegten Weinfesten mit obligatorischem Alkoholgenuss braucht man eine gute Grundlage. Bewährt hat sich der Klappschmier, Brot mit Hausgemachtem, zu dem am besten ein Glas Hefe vom Fass oder Viez schmeckt. Die Römer tranken in dieser Gegend neben Wein auch schon diesen Apfelwein. Das Wort Viez führt auf das lateinische Wort vice = an Stelle zurück.
Wir haben uns für eine deftige Fährmannspfanne, bestehend aus Bratkartoffeln mit Blutwurst,

entschieden bei einem Glas Riesling-Hochgewächs vom Weingut Römerhof, F. P. Schmitz in Riol. „Dat könnt Ihr ruhig glaawen, mer laafen beij dän Emsisch nao Zalaawen!" „En Zalaawen es emmer ebbes los!" **En de Lauben, Zurlaubener Ufer 77, Tel. 0651 4604753.**

Ein paar Häuser weiter steht ein hübsches altes Haus, das Gasthaus Mosellied. Eine Bronzetafel über der Haustür weist darauf hin, dass es das Geburtshaus des Komponisten des Moselliedes Georg Schmitt (1821 – 1900) „Im weiten deutschen Lande zieht mancher Strom dahin..." ist.

Drei Millionen Reben machen die Region Trier zum größten Weinanbaugebiet des Mosel-Saar-Ruwer-Verbandes. Der Wanderweg des Trierer Weinlehrpfads beginnt unterhalb des Weinhofes Petrisberg. Nach dem 3 km langen Weg wird die Mühe durch den abschließenden Besuch eines Weinkellers mit Weinprobe belohnt. In der Liebfrauenstraße, nicht weit vom Dom entfernt, befindet sich das Palais Kesselstatt, ein Schmuckstück barocker Baukunst.

Auf dem Weg vom Hauptmarkt in Richtung Römerbrücke kommt man in der Brückenstraße 10 an einem schönen barocken Bürgerhaus aus dem 18. Jahrhundert vorbei; es ist das Geburtshaus des 1818 geborenen *Karl Marx*. Das Haus beherbergt heute das Karl-Marx-Museum.

Einige Kilometer flussabwärts von Trier liegt am linken Moselufer der Stadtteil *Pfalzel*, die kleine Pfalz, wie sie zur Römerzeit genannt wurde. 350 n. Chr., als Landsitz römischer Kaiser und Präfekten errichtet, wurde der Palast im 7. Jahrhundert zu einem Damenstift umgebaut. Den Westteil ließen die Trierer Erzbischöfe im 12. Jahrhundert zu einer Burg befestigen, im 16. Jahrhundert kam eine starke Ringmauer hinzu, und die Stiftskirche erhielt einen Kreuzgang mit Kapelle und Wohngebäude. Hier befindet sich heute das **Hotel Klosterschenke, Tel. 0651 968440.** Eine lägere Rast einzulegen, wird in jeder Hinsicht belohnt.

Gegenüber liegt der Ort *Ruwer*, Stadtteil von Trier. Hier mündet der kleine Fluss gleichen Namens in die Mosel. Mit seinem Nebenarm Riveris hat er schon zur Römerzeit Trinkwasser für Trier gespendet und dabei zahlreiche Mühlen für Steinbearbeitung und Korn angetrieben. Mosel-Saar-Ruwer ist für Weinkenner ein Begriff, auch wenn man sich neuerdings zwecks besserer internationaler Vermarktung auf das Label „Moselweine" geeinigt hat. Vermutlich seit über eintausend Jahren wird auf den steilen Hängen der Maximin Grünhäuser Weinberge im Ruwertal Weinbau betrieben.

Die Schleifen der Mittelmosel

Hinter Trier muss sich die Mosel durch Hunsrück und Eifel kämpfen, wo ihr trotzige Gebirge Widerstand leisten und sie immer wieder zu neuen Schleifen zwingen. Diese verleihen ihr mit ihren steil aufragenden Weinbergen und den zahlreichen mittelalterlichen Burgen einen unvergleichlichen Charme – und das schon auf der Landkarte. Um in aller Ruhe die Eindrücke genießen zu können, sollte man die Landschaft von einem Schiff aus auf sich wirken lassen. Jede Biegung sorgt für eine neue Überraschung, hier ein malerischer Winzerort, dort eine geheimnisvolle Burgruine; dazwischen kunstvoll angelegte Weinbergterrassen. Die Moselschleifen verdoppeln im wahrsten Sinne des Wortes die Entfernung und damit die Dauer des Reisevergnügens.

Schweich, ein lebhafter Ort an der römischen Weinstraße, war schon vor den Römern von Kelten bewohnt. Am Ende der Trierer Talaue bestand eine wichtige Fährverbindung zum ande-

ren Moselufer. Der mächtige Fährturm stammt aus dem 18. Jahrhundert. In Schweich ist der Moseldichter Stefan Andres (1906 – 1970) aufgewachsen. Sein Moselroman „Der Knabe im Brunnen" gab Anlass zum Bau des phantasievollen Brunnens im Zentrum des Ortes. Das Kulturzentrum im Niederprümerhof von 1706 zeigt ebenfalls Stationen seines Wirkens. Hier beginnt der Stefan-Andres-Weg, der alle Schönheiten an der Mosel, über Longuich-Kirsch, Riol, dann bergauf zum Fünfseenblick zeigt. Weiter geht es über waldige Hunsrückhöhen zum Trittenheimer Ortsteil *Dhrönchen*, wo das Geburtshaus des Dichters steht.
Als Ausgangspunkt bietet sich in Schweich das Hotel zur Moselbrücke an. Der von uns ausgewählte „Gefüllte Moselaal" war besonders köstlich.

Landgut-Hotel „Zur Moselbrücke"
Brückenstraße 1, D-54338 Schweich
Tel. 06502 91900
E-Mail: hotel-moselbruecke@t-online.de

Gefüllter Moselaal

1 Flussaal, *ca. 1,20 m Länge, 1 kg Gewicht*

Für die Füllung

1 Bd.	Petersilie
50 g	weiche Butter
1	Eigelb
60 g	Semmelmehl
1/2 TL	unbehandelte Zitronenschale
	Salz, abgeriebene Muskatnuss
	etwas Mehl
35 g	Butter zum Braten
1/2	Zitrone (Saft)

1 Den Aal abziehen, ausnehmen und waschen, oder dies schon vom Fischhändler erledigen lassen. In Stücke von ca. 10 cm portionieren, salzen und leicht einschneiden, damit der Aal beim Braten seine Form behält.

2 Für die Füllung die Petersilie waschen, trocken tupfen, die Blättchen von den Stielen zupfen und hacken. Butter, Eigelb, Semmelmehl, Zitronenschale, Petersilie, Salz und Muskatnuss gut verkneten. Die Aalstücke mit der Masse füllen und mit einem Zahnstocher die gefüllte Bauchhülle verschließen. Die Aalstücke in Mehl wenden, überschüssiges Mehl wieder abklopfen. Die Butter erhitzen und den Aal goldbraun braten. Mit Zitronensaft beträufelt servieren.

Als Beilage empfehlen wir frischen Feldsalat in einer leichten Vinaigrette und Petersilienkartoffeln.

Unsere Salatsauce

1/2	rote Zwiebel
	einige Zweige Petersilie und Schnittlauch
1	hart gekochtes Ei
5 El	Estragonessig
	Salz, frisch gemahlener Pfeffer
6 EL	Sonnenblumenöl
1 EL	Senf
4-5 EL	Gemüsebrühe, nach Belieben

Die Zwiebel abziehen und fein würfeln. Petersilie und Schnittlauch waschen. Die Petersilie hacken und den Schnittlauch in Röllchen schneiden. Das Ei hacken. Essig, Salz und Pfeffer verrühren. Das Sonnenblumenöl nach und nach zugeben und verrühren. Mit dem Senf abschmecken. Alles vermischen und nach Belieben mit etwas Brühe verdünnen.

In *Longuich-Kirsch*, zwei schmucken zusammen gewachsenen Winzerorten keltisch-römischen Ursprungs, erinnern Reste der Villa urbana, einer städtischen Villa mit enormen Ausmaßen und ausgestattet mit allem Heiz- und Badekomfort, an die römische Epoche. Über eine Brücke gelangen die Winzer zu ihren am gegenüber liegenden Moselufer steil ansteigenden Weinbergen in günstiger Süd-/Südwest-Hanglage.
In *Riol* unterlagen 70 n. Chr. die Treverer endgültig den Römern. Der Ort mit seiner gotischen Kirche und dem romanischen Turm liegt inmitten von Wein- und Obstgärten. Hier wird auch der moseltypische Apfelwein Viez hergestellt.
Mehring wurde berühmt durch das ausgegrabene und rekonstruierte Römergut Villa rustica mit über fünfunddreißig Räumen. Es ist über eine Brücke, die auch zum Hunsrück führt, erreichbar.
Hier führen Wege parallel zum Moselufer und zu den benachbarten Orten. Es geht quer durch Weinberge mit herrlichen Ausblicken, bestens geeignet für Fuß- oder Fahrradwanderungen.
Hinter der nächsten Moselschleife liegt der alte Winzerort *Pölich*. Der Name kommt wahrscheinlich von Pulchra villa, schöner Landsitz, der mit Marmor verkleideten Badeanlagen und einer Wasserleitung ausgestattet war.
In Ad decimum lapidem, *Detzem*, stand der 10. Meilenstein der Römerstraße von Trier nach Mainz. Der römische Gutshof ging im 9. Jahrhundert in die Abtei St. Maximin in Trier über. Die Staustufe etwas oberhalb von Detzem ist mit neun Metern die höchste an der Mosel.
An der Mündung von der Salm in die Mosel schmiegt sich der Winzerort *Klüsserath* an, eine keltische Rodungs-Siedlung mit der bekannten Weinlage Bruderschaft. Zu den Sehenswürdigkeiten zählen die Burg aus dem Jahre 1270, die im 18. Jahrhundert ein kurfürstliches Schlösschen und heute ein feudales Wohnhaus wurde. Auf der gegenüber liegenden Moselseite liegt mit seinen schönen Fachwerkhäusern der romantische Weinort *Leiwen*, in einer Urkunde Karls des Großen um 800 n. Chr. als Lyve erwähnt.

Klaus Herres vom Sektgut St. Laurentius lässt uns einen Blick hinter die Kulissen werfen und verrät uns, wie man edlen Sekt herstellt.
Angefangen hatte es mit dem Weinbau, aber nach Übernahme des väterlichen Betriebes im Jahre 1982 entschied sich der Sohn zu einem Experiment mit ungewissem Ausgang: er wollte einen Spitzensekt produzieren. Sechzehn Jahre mühevoller und geduldiger Kleinarbeit bedurften es, bis 1998 der Olymp, auf dem die Götter sonst nur Ambrosia trinken, erreicht war: die DLG-Auszeichnung als Nummer 1 unter Deutschlands Sekterzeugern. Hohe Prämierungen bei internationalen Wettbewerben in Paris und Brüssel schlossen sich an. Bei Staatsempfängen bildet sich ein neues Bewusstsein: es muss nicht immer Champagner sein.
Wollen Sie wissen, wie ein außergewöhnlicher Sekt entsteht? Das lassen wir uns doch gerne von Klaus Herres selbst verraten:
„St. Laurentius-Sekte sind klassisch in der Flasche vergoren, von Hand gerüttelt und in traditionell langer Lagerung gereift. Jede Geschmacksrichtung ist bestens berücksichtigt. Finesse, Faszination, Sortencharakter und Bekömmlichkeit sind hierbei oberstes Gebot.

Sektgut St. Laurentius
Laurentiusstraße 4, D-54340 Leiwen
Tel. 06507 3836, Fax 06507 3896
E-Mail: st-laurentius-sekt.de

Klassische Flaschengärung

Durch Vergärung wird der Most zum Wein. Um aus diesem Wein Sekt zu bereiten, muss eine zweite Gärung erfolgen. Nach Zugabe von in Wein gelöstem Zucker und Champagnerhefe wird der zum Cuvée vermählte Wein zur zweiten

Gärung gebracht. Die Hefe spaltet den Zucker zu gleichen Teilen in Alkohol und Kohlensäure auf. Beim klassischen Flaschengärverfahren zieht sich dieser Prozess über mindestens neun Monate hin. Der zukünftige Sekt wird hierbei waagerecht bei konstanter Temperatur gelagert.
Nach dieser Zeit steht das Entfernen der Hefe bevor, das Degorgieren. Die Flaschen werden über Kopf zuerst fast waagerecht, dann mit jeder Rüttelung etwas mehr senkrecht auf Pulte gestellt, sodann täglich aufgerüttelt, zusätzlich ein wenig um ihre Achse gedreht und schließlich in eine senkrechtere Position gebracht. Nach zwanzig Tagen hat sich die Hefe ganz im Korkbereich abgesetzt. Der Flaschenhals mit der darin angesammelten Hefe wird über Kopf in ein Gefrierbad getaucht, bis sich die Hefe mit ganz wenig Flüssigkeit in einen Eispfropf gewandelt hat. Öffnet man nun die Flasche, schießt der Hefeeispfropf aus der Flasche. In diesem Stadium bezeichnet man den Sekt als Rohsekt. Erst durch die anschließende Zugabe der so genannten Versanddosage werden der Süßegrad bzw. die Geschmacksrichtung des edlen Getränks bestimmt. Hier sind die ganze Erfahrung und das Können des Feinschmeckers gefragt.

Geschmacksrichtungen

Klaus Herres verzichtet bewusst auf die Zugabe von Zucker und verwendet ausschließlich Riesling-Weine aus den eigenen Weinbergen oder auch hochwertige Auslesen und Beerenauslesen. Die Restsüße des Sektes, auch Restzucker genannt, wird in Gramm pro Liter gemessen. Für die einzelnen Süßegrade gibt es folgende Bezeichnungen:

Brut-Natur	**0 – 4 g/l** **natur-herb, ohne Dosage**
Extra-Brut	**0 – 6 g/l** **sehr herb**
Brut	**6 – 15 g/l** **herb, rassig-fruchtig**
Extra-Trocken	**12 - 20 g/l** **rassig-fruchtig mit einem Hauch von Süße**
Trocken	**17 - 35 g/l** **mild-fruchtig**

Die Grundweine der Sekte aus dem Hause von Klaus Herres werden ausschließlich aus gesundem Lesegut, also durch eine schonende Ganztraubenpressung gewonnen. Der Ausbau dieser Weine erfolgt im Edelstahltank. Die Säuremischung geschieht bei den Burgundersorten gänzlich, bei den Rieslingen teilweise durch biologischen Säureabbau. Die zweite Gärung des Weines erfolgt nach Art der klassischen Flaschengärung, der Methode Champenoise. Hier wird ausschließlich aus der Champagne importierte Reinzuchthefe verwendet, die den Sekten das feinperlige Mousseux und den für sie typischen Geschmack verleiht. Die Zeit der Hefelagerung beträgt mindestens neun Monate. Abgerundet werden die Sekte mit einer feinen Dosage aus hochwertigen Weinen, wobei überwiegend Auslesen, aber auch Beerenauslesen verwendet werden.

Veranstaltungen zum Kennenlernen

Am letzten Juli-Wochenende wird jährlich das traditionelle Hoffest im mediterranen Innenhof des Sektgutes gefeiert. Hier können Sie bei Wein, Sekt und Livemusik den Alltagsstress für ein paar Stunden vergessen. Dazu bietet Ihnen der Küchenchef verschiedene kalte und warme Speisen aus der Winzerküche an.

An jedem zweiten Novemberwochenende werden die Türen geöffnet und herzlich zu einer Sektprobe für Kenner und diejenigen, die es einmal werden möchten, geladen. Mit fachgerechter Beratung und Information stehen Ihnen die Mitarbeiter hilfreich zur Seite. Für das leibliche Wohl in Form von moselländischen kalten und warmen Gerichten ist gesorgt. Das Sektgut St. Laurentius freut sich auf Ihren Besuch.

Trittenheim ist vor allem wegen seiner Weinlagen, unter anderem Altärchen und Apotheke, weithin bekannt. Es ist aber auch der Geburtsort

des Johannes Trithemius (1462-1516), Abt des Sponheimer Konvents und später Abt des Würzburger Klosters St. Jakob. Als humanistischer Gelehrter zählt er zusammen mit Nikolaus Cusanus aus Kues und Petrus Moselanus aus Bruttig im ausgehenden Mittelalter zu den drei bedeutendsten Geistesgrößen, die von der Mosel stammen. Ein schöner Weg führt oberhalb des Ortes zur Laurentius-Kapelle von 1583. Geht man den Weg noch höher hinauf, gelangt man zum so genannten Hinkelstein, einem Menhir aus der Megalith-Kultur. Von hier aus kann man einen herrlichen Blick auf das Moseltal genießen.

Zum Abschluss dieses schönen Tages ist eine Stärkung im Wein- & Tafelhaus angesagt. Die Familie Alexander Oos wird Sie mit ihrer Sterneküche verwöhnen. Wir wählten Moselzander und Kaninchenrücken.

Wein- & Tafelhaus
Moselpromenade 4
D-54349 Trittenheim
Tel. 06507 702803
E-Mail: wein-tafelhaus@t-online.de

Gebratener Moselzander auf Rahmkraut mit Rieslingsauce und Kartoffel-Schnittlauchpüree

Für das Rahmkraut

1	kleine Zwiebel
1	Apfel
25 g	Schmalz oder 2-3 EL Öl
300 g	Sauerkraut
	Salz, Wacholderbeeren
1 TL	Zucker
1/8 l	Riesling
200 ml	Sahne

Für das Kartoffel-Schnittlauchpüree

1 Bund	Schnittlauch
750 g	Salzkartoffeln
ca. 1/8 l	Milch
	Salz, Pfeffer, ger. Muskatnuss
50 g	Butter

Für die Rieslingsauce

100 ml	Mosel-Riesling
1 TL	Zitronensaft
100 ml	Fischfond
100 ml	Sahne
50 g	Butter
2 EL	geschlagene Sahne

Für den gebratenen Zander

600 g	Zanderfilet mit Haut
1 EL	Zitronensaft
	Salz, frisch gemahlener Pfeffer
1 EL	Mehl
4 EL	Öl
50 g	Butter

1 Die Zwiebel abziehen und hacken. Den Apfel in kleine Schnitze schneiden. Das Schmalz erhitzen und die Zwiebel darin andünsten. Sauerkraut, Apfelschnitze und Gewürze zufügen, kurz durchdünsten und mit 1/8 Liter Riesling ablöschen. Bei mäßiger Temperatur 30 Minuten garen. Die Flüssigkeit sollte verkocht sein. Die Sahne in einem Topf etwas einkochen lassen, das Sauerkraut zugeben und kurz vor dem Servieren erwärmen.

2 Den Schnittlauch in Röllchen schneiden. Die Kartoffeln waschen, in der Schale kochen, pellen und durch die Kartoffelpresse drücken. Die Milch erhitzen, Salz, Pfeffer und Muskatnuss zufügen und die durchgepressten Kartoffeln hinein rühren. Die Butterwürfel und den Schnittlauch unterrühren.

3 Für die Sauce den Mosel-Riesling mit Zitronensaft einkochen lassen. Fischfond und Sahne zugeben und wieder auf die Hälfte einkochen. Mit Salz und Pfeffer würzen. Die kalten Butterwürfel in die Sauce rühren und die Sahne leicht unterziehen.

4 Das Zanderfilet auf der Hautseite zweimal leicht einschneiden, mit Zitronensaft beträufeln, salzen, pfeffern und leicht mit Mehl bestäuben. Das Öl erhitzen und auf der Hautseite anbraten. Nach 2 Minuten den Fisch wenden und auf der Fleischseite ca. 2 Minuten braten. Nun die Butter zugeben und darin fertig braten.

Gebratener Kaninchenrücken auf Spargelrisotto

Für den Kaninchenrücken

600 g	Kaninchenrückenfilet
	Salz, frisch gemahlener Pfeffer
1 EL	Mehl
1	Knoblauchzehe
4 EL	Olivenöl
	einige Zweige Rosmarin
50 g	Butter

Für das Spargelrisotto

500 g	Spargel
	Salz
1 TL	Zitronensaft
	Butter
	Zucker
100 g	Schalotten
5-6 EL	Olivenöl
400 g	Risottoreis (z.B. Arborio)
1/8 l	trockener Weißwein, vorzugsweise Mosel-Riesling
150 g	Butter
150 g	frisch geriebener Parmesan
	Saft von 1 /2 Zitrone
1	kleiner Bd. Schnittlauch

1 Zunächst das Spargelrisotto zubereiten. Dafür den Spargel schälen. Wasser erhitzen. Salz, Zitronensaft, Butter und Zucker zufügen. Den Spargel hineingeben und bissfest kochen. Den Spargel dann in kaltem Wasser kurz abkühlen lassen und in kleine Stücke schneiden. Die Spargelbrühe aufheben.

2 Die Schalotten abziehen und fein schneiden. Das Olivenöl erhitzen. Die Schalotten hell anschwitzen. Den Reis zugeben und glasig rösten. Mit dem Wein ablöschen und diesen völlig reduzieren lassen. Die noch warme Spargelbrühe nach und nach angießen, so dass der Reis immer bedeckt ist. Unter ständigem Rühren ca. 18 Minuten garen. Spargelstücke, Butterflocken und Parmesan unterrühren. Mit Salz, Pfeffer und Zitronensaft abschmecken. Den Schnittlauch in Röllchen schneiden und erst kurz vor dem Servieren zugeben.

3 Die Kaninchenrückenfilets salzen, pfeffern und leicht mit Mehl bestäuben. Die Knoblauchzehe abziehen und halbieren. Das Olivenöl mit Knoblauch und Rosmarin in einer Pfanne mäßig erhitzen. Die Kaninchenrückenfilets in dem aromatischen Olivenöl leicht anbraten. Nach ca. 2 Minuten das Fleisch wenden und weitere 2 Minuten braten. Die Butter zugeben und den Rücken in der Pfanne einige Minuten ruhen lassen.

Zusammen mit dem Spargelrisotto servieren.

Neumagen-Dhron gilt als einer der ältesten Weinorte Deutschlands, doch seine Vergangenheit liegt noch viel weiter zurück. Hier entstand um 310 n. Chr. das große Römerkastell Noviamagus unter Kaiser Konstantin zum Schutz der Römerstraße gegen die Einfälle germanischer Völker. Zwei Funde aus der Römerzeit haben Berühmtheit erlangt, weil sie das Leben der Antike anschaulich darstellen. Es ist das Weinschiff und die Schulszene. Die Originale befinden sich im Landesmuseum in Trier, während am Ort gute Repliken stehen.

Stella Noviomagi - der „Stern von Neumagen"

Nur selten wird ein Hafen für ein einziges Schiff gebaut. Und nur wenige Schiffe hätten so viel Aufmerksamkeit verdient. Die Stella Noviomagi allerdings ist ein solches Schiff und sie war mehr als eine Anstrengung wert.

Seit September 2007 liegt der moderne Nachbau eines römischen Weinschiffes im eigens errichteten Hafenbecken von Neumagen-Dhron. Von dort aus trägt es Fahrgäste und Gruppen über die Mosel und vermittelt einen lebhaften Eindruck von der Moselschifffahrt und dem Weinhandel zur Römerzeit.

Als Vorbild für das 18 Meter lange und über 4 Meter breite Holzschiff diente ein Grabdenkmal, das wohl im ausgehenden 3. Jahrhundert auf einem Friedhof in oder bei Trier gestanden hatte. Im Jahr 1882 wurde es im Fundament der spätrömischen Festung von Neumagen entdeckt. Die Steinplastik, heute im Rheinischen Landesmuseum Trier zu Hause, zeigt eine Galeere - ein antikes Kriegsschiff, das um 220 n. Chr. zum Transport von Weinfässern auf der Mosel zum Einsatz kam.

Den lang gehegten Traum, das Weinschiff nachzubauen, verwirklichten die Moselaner zwischen 2004, als die Planungen zur großen Konstantin-Ausstellung in Trier begannen, und 2007 in einem einzigartigen Gemeinschaftsprojekt: Mit dem Fachwissen des Museums für Antike Schiffahrt Mainz machte sich die Handwerkskam-

mer Trier, unter Leitung von Hauptgeschäftsführer Hans-Hermann Kocks, im Juni 2006 an die Arbeit. In ihren Berufsbildungszentren verfügt sie über Werkstätten auf höchstem technischem Niveau und über qualifizierte Ausbildungsmeister, die das Schiff mit Jugendlichen im Rahmen ihrer Ausbildung bauten. Die Gemeinde Neumagen-Dhron stiftete das Holz für das 12 Tonnen schwere Gefährt und baute einen ständigen Liegeplatz als „Heimathafen" aus. Dort gibt nun auch ein kleines Informationszentrum Einblicke in die Stationen des Schiffbaus und die antike Schiffahrt.
Zur Römerzeit war das Holzschiff - eine „Bireme" mit zwei Riemenreihen pro Seite - von 42 Ruderern bewegt worden. Heute wird diese Sklavenarbeit in der Regel von zwei 55-PS-Motoren geleistet, deren Steuerung in einem von ehemals vier Weinfässern untergebracht ist. Silikonabdichtungen, Schwimmwesten und eine Not-Toilette machen das Weinschiff zu einem sicheren und sogar hochseetauglichen Transportmittel. Am 15. September 2007 wurde es auf den Namen „Stella Noviomagi" getauft.

Mit dem „Stern von Neumagen" verfügt nicht nur Neumagen-Dhron, sondern die ganze Mosel über ein neues touristisches Highlight.

Dort, wo einst ein alter Handelsweg die Mosel kreuzte, befand sich eine Furt, Porto pigontio. Daraus entwickelte sich der Name *Piesport*.
Das Weingut Reinhold Haart liegt unmittelbar an der Mosel. Seine berühmte Weinlage Piesporter Goldtröpfchen beginnt direkt hinter dem Haus. Eine hier gefundene komplett restaurierte Großkelteranlage aus dem 3. oder 4. Jahrhundert verweist auf die lange Vorgeschichte der goldenen Tröpfchen. Die Kelter gilt als eine der ältesten und größten nördlich der Alpen.
Die Familie Haart ist mit einer urkundlich bis 1337 zurückgehenden Weinbautradition nicht nur die älteste Winzerfamilie in Piesport, sondern besitzt auch eine der ältesten bürgerlichen Weingüter der Mosel und damit Deutschlands.
Seit 1971 wird das Weingut von Karl-Theo Haart geführt und von ihm in seiner heutigen Struktur und seinem Weinstil entscheidend geprägt. Mit einer sorgfältigen Weinbergpflege – Weinlagen Goldtröpfchen, Domherr, Kreuzwingert, Grafenberg, Ohligsberg – sowie konsequenter Ertragsdrosselung ist ganz klar die Zielrichtung zur Erzeugung hochwertiger, langlebiger, charakteristischer Riesling-Weine aus Steillagen vorgegeben. Der jetzt in Mainz vorgestellte „14. Gault Millau Weinguide Deutschland 2007" weist vor allem seine Riesling-Spätlesen als absolute Spitze aus.

Weingut Reinhold Haart
Ausoniusufer 18, D-54498 Piesport
Tel. 06507 2015, Fax 06507 5909
E-Mail: info@haart.de

Das über eintausend Jahre alte Winzerdorf *Kesten* ist zwar ein kleiner Ort, doch ein Besuch lohnt sich allemal wegen der mittelalterlichen, mit sehr schönen Erkern verzierten Fachwerkhäuser und der alten Weinhöfe der Abteien und Stifte. Kesten lebt heute vom Wein, aber das war nicht immer so. Seinen Namen hat der Ort von der Kastanie. Castanidum – Kastanienhain nannten ihn die Römer, wohl wegen der besonderen Frucht. Im Laufe der Zeit entwickelte sich daraus Casteneith, Kastenten, Kastene, Kesten. Der im nahen Dreisbachtal gelegene Sauerbrunnen besitzt heute noch die alte römische Fassung.

Dusemond, süßer Berg, nannte sich *Brauneberg* bis 1925 und das wohl wegen der weltberühmten Weinlage Brauneberger Juffer auf der gegenüberliegenden Moselseite. Der Steilhang mit voller Sonneneinstrahlung war seit eh und je privilegiert. Hier kultiviert das Weingut Fritz Haag „Dusemonder Hof" seine großen Riesling-Weine mit Prädikaten, die weltweit Anerkennung gefunden haben. Seit Beginn des Jahres 2005 hat Sohn Oliver Haag, Dipl. Oenologe, das Weingut übernommen und führt gemeinsam mit seinem Vater den An- und Ausbau der ganzen Palette feinfruchtiger bis edelsüßer Spitzenweine traditionsgemäß fort. Filigrane Moselrieslinge mit unverkennbarem Lagencharakter, so lautet die Philosophie des berühmten Weinguts.

Weingut Fritz Haag
Dusemonder Straße 44
D-54472 Brauneberg
Tel. 06534 410, Fax 06534 1347
E-Mail: info@weingut-fritz-haag.de

Alte Weinhöfe, wie die der Abtei Tholey von 1719, sind noch erhalten. Eine lange Tradition besitzt das

Weingut Martin Conrad
Brauneberger Hof
Moselweinstraße 133
D-54472 Brauneberg
Tel. 06534 93980, Fax 06534 939855

Im Hotel Restaurant Weingut Brauneberger Hof kann man echte moselländische Kultur erleben. Das Restaurant mit Gewölbekeller in einem alten Fachwerkhaus von 1750 strahlt eine besondere Atmosphäre aus. Bei Streifzügen durch die römische und moselländische Küche überraschen immer wieder kulinarische Neuentdeckungen. Hilde Conrad führt mit Erfolg das in den renommierten Hotelführern genannte Haus. Der Fa-

milientradition folgend, übernahm Günter Conrad, gelernter Winzer, in 13. Generation das alt eingesessene Weingut „Adolf-Conrad-Schreiber" aus dem Jahre 1558. Auf den bereits erwähnten Süd-Steillagen Brauneberger Juffer und Brauneberger Juffer-Sonnenuhr reifen seine erstklassigen Riesling-Weine.

Hotel & Restaurant
Brauneberger Hof
Inhaberin Hilde Conrad
Moselweinstraße 136
D-54472 Brauneberg
Tel. 06534 1400, Fax 06534 1401
E-Mail: hotel@braunebergerhof.de

Käsesuppe mit Riesling auf moselländische Art

2	Schalotten
3	Knoblauchzehen
300 g	halbfesten Schnittkäse (z.B. Kuhtaler, oder Eifler Bergkäse vom Ulmenhof-Samersbach oder Ziegenkäse vom Vulkanhof)
ca. 1 l	Rinderbrühe
ca. 250 ml	Mosel-Riesling
	grüner Pfeffer
200 g	Kräuterschmelzkäse
1 EL	Speisestärke
200 ml	Sahne
	Salz, frisch gemahlener Pfeffer
1 TL	Zucker
	heller Balsamico-Essig

1 Die Schalotten und die Knoblauchzehen abziehen und würfeln, bzw. hacken. Den Schnittkäse etwas zerkleinern. Die Rinderbrühe mit 200 ml Mosel-Riesling, grünem Pfeffer, Schalotten und Knoblauch aufkochen; ca. 15 Minuten bei schwacher Hitze köcheln lassen.

2 Den Schnittkäse zusammen mit Kräuterschmelzkäse, Speisestärke und Sahne in einen hohen Topf geben. Zunächst 2/3 der Brühe zu dem Käse geben und mit dem Pürierstab mixen, dann unter ständigem Rühren aufkochen lassen. Sollte die Suppe zu dick sein, noch etwas Brühe nachgießen. Mit Salz, Pfeffer und Zucker würzen. Mit Balsamico-Essig und Mosel-Riesling verfeinern.

- Weinempfehlung: 2005er Brauneberger Juffer, Riesling, feinherb

Rosa gebratener Maibockrücken unter einer Walnusskruste, Spargel in Kräutersahne und Safran-Kartoffeln

Für den Maibock unter der Walnusskruste

150 g	Walnüsse
50 g	Butter
2 EL	Waldhonig
2 EL	Hartweizengrieß
2 TL	Balsamicoessig
	Salz, frisch gemahlener Pfeffer
2 EL	Butterschmalz
600 g	Maibockrücken

Für die Safrankartoffeln

16	kleine neue Kartoffeln
	Salz, grob zerstoßene schwarze Pfefferkörner
25 g	Butter
1	Tütchen Safranfäden, ca. 2 g
1 EL	Waldhonig

Für den Spargel mit Kräutersahne

500 g	Spargel
5	Zweige Petersilie, gehackt 2 EL
einige	Stängel Schnittlauch, geschnitten
1 EL	Sesam
25 g	Butter
	Salz, frisch gemahlener Pfeffer
100 ml	milder Mosel-Riesling
250 ml	Sahne

1 Die Walnüsse grob hacken. Einen Topf erhitzen, die Walnüsse hineingeben und mit einem Pfannenwender immer wieder rühren, damit die Nüsse nicht verbrennen. Sobald sie etwas Farbe angenommen haben, Butter, Honig, Grieß, Essig, Salz und Pfeffer zugeben und vom Herd nehmen. Zu einer geschmeidigen Masse verrühren und abkühlen lassen.

2 Die Kartoffeln waschen und mit Salz und gestoßenen Pfefferkörnern in Wasser langsam zum Kochen bringen. Je nach Größe der Kartoffeln etwa 20 Minuten kochen, dann pellen. Den Spargel schälen und in gleichmäßige Stücke schneiden. Die Kräuter waschen und trocken tupfen. Die Petersilie hacken und den Schnittlauch in Röllchen schneiden. Den Sesam rösten.

3 Butterschmalz in einer Pfanne erhitzen. Das Fleisch hineingeben und kurz von allen Seiten scharf anbraten. Aus der Pfanne nehmen und auf einem Stück Küchenpapier abtropfen lassen. Mit Salz und Pfeffer würzen und die Walnusskruste darauf verteilen. Den Backofen auf Grillstufe stellen. Das Fleisch nach einigen Minuten auf die mittlere Schiene geben. Darauf achten, dass das Fleisch nicht zu hoch im Ofen platziert wird.

4 In der Zwischenzeit in zwei Pfannen je 25 g Butter geben und erhitzen. In die eine Pfanne die Kartoffeln geben und langsam braten lassen. Die Safranfäden auflösen und hineingeben. Mit Salz und Honig gut abschmecken. Inzwischen in der anderen Pfanne die Spargelstückchen anschwitzen. Mit Salz und Pfeffer würzen und mit Riesling ablöschen, etwas einkochen lassen. Mit der Sahne auffüllen und langsam reduzieren lassen. Die Kräuter und den Sesam zufügen und mit Zucker und Salz abschmecken.

5 Die Walnusskruste sollte eine schöne Farbe bekommen haben und der Maibock innen noch rosa sein. Zum Anrichten das Fleisch in Scheiben schneiden und mit Spargel und Kartoffeln zusammen servieren.

Tipp: Die Walnusskruste kann man gut vorbereiten, da sie sich abgedeckt im Kühlschrank eine Woche aufbewahren lässt.

Viel Spaß beim Nachkochen und guten Appetit!

Zitronenmelisse-Sorbet in Riesling-Sekt

350 g	Zucker
1-2 Bd.	Zitronenmelisse, möglichst Bio-Anbau
1/2	unbehandelte Zitrone
200 ml	Mineralwasser
2	Eiweiß, absolut frische Eier
1 EL	Puderzucker
1	Flasche Winzer-Sekt

1 Den Zucker mit 350 ml Wasser 10 Minuten bei kleiner Hitze kochen. Diesen Läuterzucker erkalten lassen. Die Zitronenmelisse waschen, trocken tupfen und hacken. Den Saft der Zitrone auspressen.

2 Das Mineralwasser mit Zitronensaft, Läuterzucker und Zitronenmelisse vermischen und in einer weiten Schüssel in den Gefrierschrank stellen. Nach Möglichkeit stündlich die Masse mit einem Kochlöffel durchrühren und weiter gefrieren lassen.

3 Eiweiß mit Puderzucker steif schlagen, und kurz bevor das Sorbet ganz gefroren ist, die Masse unterziehen. Nochmals gefrieren lassen.

4 Zum Anrichten kleine Kugeln ausstechen und in einer Champagnerschale mit Riesling-Sekt übergießen. Mit Zitronenmelisseblättchen oder Zesten von Zitronenschale garniert servieren.
Für die Zubereitung in einer Sorbet- oder Eismaschine bitte die jeweiligen Gerätehinweise beachten!

Bis zur nächsten Gemeinde ist es nicht weit. *Mülheim* war zu allen Zeiten ein bedeutender Weinort. Patrizierhäuser und alte Kellereien zeugen davon, dass hier seit Jahrhunderten Weinanbau und Weinhandel betrieben wurde. Die Handelsstraße von Frankfurt nach Brüssel überquerte hier die Mosel. Heute führt eine bequeme Brücke an das andere Ufer nach *Mahring* und *Lieser*. Der Wein von Mülheim flog 1929 als Zeppelinwein um die ganze Welt.

Sie suchen ein Hotel an der Mittelmosel? Im Zentrum der Region finden Sie das Weinromantikhotel Richtershof. Mit seinem Ambiente erfüllt es alle Träume. Hier im Vier-Sterne-Haus können Sie sich wohl fühlen und die Gastronomie mit großem Weinangebot genießen. Im neuen, großzügig angelegten „Römischen Spa" erwartet den Gast eine alt-römische Tempel-Badeanlage. Vinotherapien sowie weitere Wellnessangebote sorgen für Schönheit und Entspannung.

Weinromantikhotel Richtershof
Hauptstraße 81-83, D-54486 Mülheim /Mosel
Tel. 06534 9480, Fax 06534 948100
E-Mail: armin.hoeck@weinromantikhotel.de

Die historischen Gebäude des über 300 Jahre alten Weingutes Richtershof liegen eingebettet in einer über 10.000 qm großen, gepflegten Parkanlage. Ein Teil der Bauten aus Barock, Gründerzeit und Jugendstil sowie das alte Weingut wurden 2001 grundlegend renoviert und mit moderner Architektur zu einem einzigartigen Hotelkomplex vereinigt.

Zweifellos kann *Bernkastel-Kues* als das Zentrum der Mittelmosel angesehen werden; nicht nur als Kreisstadt, sondern auch wegen seiner Weinlagen, wie die des berühmten Bernkasteler Doctors. Dieser Name geht einer Anekdote aus dem Mittelalter zufolge auf die Gesundung des schwer erkrankten Trierer Erzbischofs Beomund II. zurück, der in seiner Sommerresidenz, Burg Landshut, oberhalb von Bernkastel, weilte. Nachdem alle ärztliche Kunst versagte, versprach er dem einen hohen Lohn, der ihn heilen würde. Ein kleverer Winzer besuchte ihn mit einem Fässchen seines besten Weins. Die empfohlene Trinkkur ließ den todkranken Erzbischof schon nach wenigen Tagen gesunden. Den Wein aber nannte man fortan „Bernkasteler Doctor". Heute kann jeder die edle Medizin in den Doctor-Weinstuben unterhalb der berühmten Weinlage verkosten.

Mit Konsequenz und Ausdauer hat Ernst Loosen, Besitzer des Weinguts Dr. Loosen in Bernkastel, seine Riesling-Weine zu Weltniveau ausgebaut.

Weingut Dr. Loosen
St. Johannishof
D-54470 Bernkastel / Mosel
Tel. 06531 3426, Fax 06531 4248
E-Mail: vertrieb@drloosen.de
Internet: www.drloosen.de

Durch eine glückliche Fügung ist uns dieses Dokument weingutsinterner Klassifkation des Weingutes in die Hände gefallen. Schon das Lesen weckt die Sinne und den fast unwiderstehlichen Wunsch, wenigstens einen zu kosten, am liebsten jedoch alle.

Bernkasteler Lay

Die Bernkasteler Lay („Lay" ist ein alter Ausdruck für Schiefer) liegt am Ortsausgang von Bernkastel am Moselufer. Wie der Name bereits verheißt, besteht der Boden aus tiefgründigem, verwittertem Blauschiefer. Diese Lage hat einen etwas sanfteren Anstieg als die anderen Weinberge des Weingutes. Sie bringt kräftige, sehr fruchtbetonte Rieslinge hervor, oftmals mit Noten von grünem Apfel und Cassis.

Wehlener Sonnenuhr

In diesem sehr steilen Weinberg wächst einer der elegantesten und feinduftigsten Weißweine der Welt. Der steinige, flachgründige, blaue Schieferboden verleiht dem Wein eine delikate und frische Säure sowie eine einzigartige Eleganz. Die Weine der Wehlener Sonnenuhr sind in ihrer Jugend die charmantesten des Weingutes, mit dem Duft von weißem Pfirsich und grünem Apfel.

Ürziger Würzgarten

Leuchtend rot und unsagbar steil, formt der Ürziger Würzgarten ein an der Mosel einzigartiges Amphitheater aus Rotliegendem. Obwohl er unmittelbar flussaufwärts von den Weingärten Erdens liegt, bringt der Ürziger Würzgarten eine gänzlich andere Art großer Rieslinge hervor, voll von exotisch-würzigen Aromen und einer großen Tiefe. In manchen Jahren findet man Anis und sogar einen Hauch von Gewürztraminer.

Graacher Himmelreich

Der südwestlich geneigte Steilhang neben der berühmten Wehlener Sonnenuhr hat einen besonders tiefgründigen Blauschieferboden, der Bernkastels Kraft mit Wehlens Eleganz verbindet und markante, leicht erdige Weine hervorbringt. Diese Weine brauchen immer etwas Zeit, um ihre wahre Größe zu zeigen.

Erdener Treppchen

Dieser Weinberg liegt direkt an der östlichen Seite des Prälats und ist so steil, dass vor Jahrhunderten Steintreppen in die Hanglage gebaut wurden, damit die Arbeiter die Reben besser erreichen konnten. Der eisenhaltige, rote Schieferboden erzeugt Weine, die reichhaltig, rassig und komplex schmecken und einen intensiv mineralischen Nachgeschmack haben.

Erdener Prälat

Dies ist unbestritten der beste Weinberg des Gutes. Mit seinem außergewöhnlich warmen Mikroklima, einer perfekten Exposition nach Süden sowie dem roten Schieferboden produziert er Rieslinge voller Kraft und Komplexität. Die geschützte Weinberglage zwischen Fluss und Felsmassiv ermöglicht in jedem Jahr die Herstellung von hochwertigen Auslesen und Botrytisselektionen. Typisch für Prälat-Weine sind Duftnoten von Mango, Maracuja und Bittermandeln.

An der Straße Mainz – Trier gelegen, erlangte *Bernkastel* Reichtum durch Handel und war auch berechtigt, Zölle zu erheben. Kulturhistorisch bedeutsame Bauten wie das Rennaissance-Rathaus geben heute noch einen Eindruck von Reichtum und Ansehen des Moselortes.
Kurios wirkt das nur wenige Meter breite Spitzhäuschen, das eine bekannte Weinstube beherbergt. Eine Wanderung zur Burgruine Landshut lohnt sich allein wegen der grandiosen Aussicht auf die alte Stadt, die Mosel und das gegenüberliegende, seit 1905 mit einer Brücke verbundene Kues, Geburtsort des berühmten Gelehrten und Theologen Nikolaus Cusanus (1401 – 1464).
In Bernkastel-Kues wird jetzt ein Zentrum für Steillagenweinbau eingerichtet. Forschung und Beratung werden die Hauptaufgaben sein. Ab 2009 werden aber nicht nur die Winzer der Mosel davon profitieren, immerhin zählen hier von etwa 9.000 alleine 5.000 Hektar zu den Steillagen, sondern alle Steillagenwinzer Europas.

Kulturen vieler Völker haben die Moselregion geprägt. Wie könnte das besser fortgeführt und zum Ausdruck gebracht werden als durch Musik?

Seit zwei Jahrzehnten finden Konzerte an der Mosel auf internationalem Niveau statt. Die Idee hatte Hermann Lewen. Zusammen mit dem damaligen Verbandsbürgermeister von Bernkastel-Kues Wilhelm Kreuzberg wurden die „Mosel Festwochen" gegründet. Die besonderen Konzertveranstaltungen internationaler Künstler verbinden Musikerlebnis und wechselnde Räumlichkeiten mit historischem sowie kulturellem Hintergrund.

NIHIL SINE SOLE

– *Nichts ohne Sonne*, eine alte römische Weisheit, die in besonderem Maße den Wein betrifft. Einem alten Weindorf hat die Wehlener Sonnenuhr zum Ruhm verholfen. Die Edellage liegt auf der Sonnenseite, jedoch am anderen Moselufer. So haben die Wehlener sich vor einem halben Jahrhundert bereits eine eigene Fußgängerbrücke geleistet, um bequemer zu ihren Weinbergen zu gelangen.
Eines der herausragendsten Weingüter ist das ***Weingut Joh. Jos. Prüm, Bernkastel-Wehlen*** mit besten Parzellen in Spitzenlagen. Im Jahre 1842 baute Jodocus Prüm die Sonnenuhr in einen Wehlener Weinberg und gab diesem damit seinen späteren Namen.

Zeltingen-Rachtig, heute eine Doppelgemeinde, kann auf eine lange historische Vergangenheit zurück blicken, das beweisen auch Funde aus der Jungsteinzeit. Zeltingen präsentiert sich mit einem von Fachwerkhäusern umstandenen Marktplatz. In Rachtig dominiert das Deutschherrenhaus, im spätgotischen Stil erbaut, jedoch barock umgestaltet. Beide Orte leben vom Weinanbau. Bekannt sind die Weinlagen Zeltinger Himmelreich, Schlossberg, Deutschherrenberg.

Über die Moselbrücke gelangt man zum alten Kloster Machern. Hier lohnt es sich, etwas zu verweilen, denn es wird manches geboten. Die Anfänge klösterlicher Lebensgemeinschaft gehen auf die Zeit um 1084 zurück. Dann, im Jahre 1238, wurde sie in den Ordensverband der Zisterzienser aufgenommen und der Abtei Himmerod unterstellt. Die Lage des Klosters an der Mittelmosel sowie die bedeutende Stellung des Ordens im abendländischen Weinbau – Clairvaux, Burgund, Rheingau – verhalfen Machern mit seinen Weingütern in Wehlen, Rachtig und Zeltingen zu einem einflussreichen weinbau-

lichen Zentrum. Mit der Säkularisation wurde der Besitz zur landwirtschaftlichen Nutzung veräußert. Es folgte eine trostlose Zeit, bis in den sechziger Jahren des zwanzigsten Jahrhunderts der Weingutbesitzer Franz Schneider in langjähriger Restaurierungsarbeit dem Kloster zu neuem Glanz verhalf.
Heute bieten sich hier ideale Freizeitmöglichkeiten wie Klosterführungen, Brauerei, Weinkabinett, Klosterdestille, Weinmuseum und interessante Ausstellungen über Antiquitäten, Ikonen sowie Spielzeug aus zwei Jahrhunderten. Für Parkmöglichkeiten ist bestens gesorgt, und Kinder freuen sich über einen großen Spielplatz.

Folgendes Rezept darf hier nicht fehlen:

Schweinefleisch im Biersud

Für 6 Portionen

4	Zwiebeln
2-3	Mohrrüben
3 EL	Öl
40 g	Butter
1,4 kg	Schweineschulter
1 1/2 TL	Zucker
60 g	Semmelbrösel
1/2 l	helles Bier
200 ml	Sahne
1	Kräutersträußchen bestehend aus 1 Lorbeerblatt, 2 Thymianzweigen, 5 Petersilienzweigen
	Salz, frisch gem. schwarzer Pfeffer
1 Msp.	Piment

1 Die Zwiebeln abziehen und in dünne Ringe schneiden. Die Mohrrüben schaben und in dünne Scheiben oder Stifte schneiden.

2 Das Öl in einem Schmortopf erhitzen. Die Butter zufügen. Das Fleisch hineingeben und von allen Seiten gut anbraten. Kurz herausnehmen und mit Folie abgedeckt beiseite stellen. Zwiebeln und Mohrrüben hineingeben und einige Minuten andünsten. Mit Zucker und Semmelbröseln bestreuen und 2-3 Minuten durchschwitzen lassen. Das Fleisch zurück in den Topf geben, das Bier und die Sahne angießen, Kräutersträußchen, Salz, Pfeffer und Piment zufügen und abgedeckt bei kleiner Hitze 1 1/2-1 3/4 Stunden garen.

3 Das Fleisch herausnehmen, aufschneiden und auf einer vorgewärmten Platte anrichten. Mit Zwiebeln und Mohrrüben umlegen. Das Kräutersträußchen entfernen. Die Schmorflüssigkeit eventuell etwas einkochen, nochmals abschmecken, teilweise über das Fleisch gießen, den Rest separat servieren.

Hofgut „Stift Kloster Machern" AG
An der Zeltinger Brücke
D-54470 Bernkastel-Wehlen
Tel. 06532 951640, Fax 06532 951639
E-Mail: info@klostermachern.de

Vorbei an dem Kloster führt die Straße weiter zu einem Städtchen hinter den Moselbergen, wo man keinen Weinanbau mehr vermuten möchte.
Wittlich lag an der Römischen Fernstraße von Trier nach Köln. Sehenswert ist der Marktplatz mit seinem alten Rathaus von 1650 und hübschen barocken Bürgerhäusern, Zeugen eines

florierenden Handels vergangener Jahrhunderte. Im Rathaus ist heute das Georg-Meistermann-Museum eingerichtet worden, um den rheinländischen Künstler auch an der Mosel zu ehren. Von ihm stammen die modernen Glasfenster der Wittlicher Markuskirche. Auf dem Markt findet alljährlich Mitte August das große Säubrenner Fest statt, bei dem der Wein nicht nur aus eigenen Weinbergen reichlich fließt.

Auf dem Rückweg ins Moseltal lohnt sich ein kleiner Abstecher zum Eifelstädtchen *Dreis*. Der Erholungsort liegt im schönen Salmtal. Das 1774 aus rotem Sandstein erbaute Barockschloss befindet sich im Privatbesitz; es kann nicht besichtigt werden. Dagegen lädt die waldreiche Umgebung mit vielen markierten Wanderwegen zum Verweilen ein. Als absolute Spitze gilt ein Besuch des Waldhotels Sonnora, nach vorheriger Anmeldung versteht sich. 1978 erbaute die Familie Thieltges mit großem Engagement am Ortsrand, eingebettet in Waldeinsamkeit, das Hotel, dem wenig später das Gourmet-Restaurant folgte.
Helmut Thieltges, schon in seiner Jugend an der Kochkunst interessiert, absolvierte mit großem Erfolg eine internationale Ausbildung. Sein Ideenreichtum gepaart mit Perfektion brachten ihm schon bald drei Sterne ein.

Wachteln mit Taubenbrust gefüllt auf Balsamico-Linsen und Kaiserschoten

4	Wachteln
1	Schalotte
1	Mohrrübe
1	Stück Lauch, nur der weiße Teil
1	Stück Sellerie
2 EL	Olivenöl
20 g	Butter
1-2 TL	Tomatenmark
1 TL	Mehl
1/4 l	trockener Wein
3/4-1 l	Geflügelfond
	Kräuterbündel (Thymian, Lorbeerblatt, Petersilie)
3	Wacholderbeeren
4	Pimentkörner
	Salz
	frisch gem. schwarzer Pfeffer
1-2 EL	Madeira, nach Belieben

Waldhotel Sonnora
D-54518 Dreis bei Wittlich
Tel. 06578 406, Fax 06578 1402
E-Mail: info@hotel-sonnora.de

Für die Farce

100 g	Poulardenfleisch
40 g	Gänsestopfleber
	Salz, frisch gemahlener Pfeffer
100 g	Crème double
1	Eiweiß
1	Spritzer Cognac
1	Spritzer Madeira
4	Taubenbrüste
1 EL	geklärte Butter
8	Spinatblätter

1 Die Wachteln hohl auslösen. Aus den Karkassen die Sauce zubereiten. Das Gemüse waschen, putzen und klein schneiden. Das Olivenöl erhitzen, die Butter zufügen und die klein gehackten Karkassen darin anbraten. Gemüse zufügen und 10 Minuten mit bräunen. Tomatenmark zugeben, mit Mehl bestäuben und hellbraun werden lassen. Wein und Geflügelfond nach und nach zufügen. Das Kräuterbündel hineingeben, ebenso Wacholderbeeren und Pimentkörner, salzen und pfeffern. Etwa 75 Minuten köcheln, durch ein Sieb geben und stark einkochen lassen. Nach Belieben mit Madeira abschmecken.

2 Nun die Farce zubereiten: Dazu das Poulardenfleisch und die Gänsestopfleber klein schneiden. Mit Salz und Pfeffer würzen und sehr kalt stellen. Anschließend fein pürieren und nach und nach Crème double zufügen. Durch ein feines Sieb streichen, das Eiweiß zufügen und mit Cognac und Madeira abschmecken, evtl. nachwürzen.

3 Die Taubenbrüste mit Salz und Pfeffer würzen. Geklärte Butter in einer Pfanne erhitzen und die Brüste darin rosa braten und auskühlen lassen. Die Spinatblätter blanchieren, abschrecken und trocken tupfen. Die Wachteln mit der Hautseite nach unten auf der Arbeitsfläche ausbreiten, mit Salz und Pfeffer würzen und dünn mit Farce einstreichen. Die Taubenbrüste in den Spinatblättern einwickeln und auf den Wachteln platzieren, ebenfalls dünn mit Farce bestreichen. Das Wachtelfleisch so über den Taubenbrüsten zusammenfalten, dass sie ihre Ursprungsform erhalten. Die Wachteln auf Alufolie setzen und so umwickeln, dass sie in einem ca. 2 cm hohen Bord stramm eingedreht sind.

4 Die Wachteln in den auf 200-210° C Ober- und Unterhitze vorgeheizten Backofen geben und etwa 15 Minuten garen. Mit etwas Sauce auf den Balsamico-Linsen anrichten und die Kaiserschoten anlegen.

Herstellung der Balsamico-Linsen

75 g	Linsen
1	frisches Lorbeerblatt
30 g	brauner Rohrzucker
etwa 30 ml	Balsamico-Essig
	Salz, Pfeffer, Kreuzkümmel
200 g	Kaiserschoten
20 g	Butter

1 Die Linsen einige Stunden in Wasser einweichen. Das Wasser abschütten und mit 350 ml frischem Wasser und dem Lorbeerblatt aufsetzen. Je nach Sorte und Alter der Linsen 35-50 Minuten kochen lassen.

2 Den Zucker in einem Topf karamelisieren und mit dem Balsamico-Essig ablöschen. Die Linsen zufügen, mit Salz, Pfeffer und Kreuzkümmel abschmecken.

3 Die Kaiserschoten 1-2 Minuten blanchieren, abschrecken und in Butter schwenken.

Die der Sonne zugeneigte Steilhanglage verschaffte *Ürzig*, einem der ältesten Moselorte mit den Lagen Ürziger Würzgarten, Ürziger Goldwingert, Urglücks und Urlay, Wohlklang in den Ohren von Weinkennern. Das alte Rathaus, aber auch zahlreiche Fachwerkhäuser mit Ornamenten und geschnitzten Figuren und Fratzen, lohnen einen Besuch. Bei so viel Schönheit ist es kein Wunder, dass Ürzig als Kulisse für die Fernsehserie „Moselbrück“ erkoren wurde.
Gegenüber, auf der anderen Moselseite liegt *Erden*. Dieser Winzerort wurde berühmt durch die Weinlage Erdener Treppchen. Zur Bewirtschaftung müssen die Winzer jedoch erst über die Moselbrücke gehen, um dann Stufe um Stufe zu den Schieferhängen zu gelangen.

Durch die stark mäandernde Mosel ergeben sich immer wieder der Sonne zugewandte Steillagen, die für besten Wein sorgen, so auch in *Kröv* mit seiner berühmten Weinlage Kröver Nacktarsch, benannt nach dem keltischen Wort nackas für felsige Höhe, das dann in volksetymologischer (Um)deutung einen verständlicheren Namen erhalten hat. Von den gepflegten Fachwerkhäusern ist das als Rathaus 1658 erbaute Dreigiebelhaus besonders sehenswert.

Weingut „Dreigiebelhaus“ und „Ratshofkellerei“
Kilian Klein, Robert-Schuman-Straße 32
D-54536 Kröv, Tel. 06541 9378 + 2345
Fax 06541 812681
E-Mail: info@weingut-dreigiebelhaus.de

Wer die Mosel, den Wein und dazu traditionelle Gerichte genießen möchte, der sollte am Hotel-Restaurant Reichsschenke „Zum Ritter Götz“ nicht nur vorübergehen. Vor über zehn Jahren haben Ingrid und Hervé Sicard sowie Hildegard und Frank Gertzmann sich zur Aufgabe gestellt, einen Ort des Erlebnisses für Moselliebhaber zu machen. Das altehrwürdige Haus wurde 1685 erbaut und seitdem als Weinausschank genutzt. Wer nach diesem lukullisch-bacchantischen Vergnügen die Heimfahrt nicht antreten mag oder darf, kann in modern eingerichteten Zimmern übernachten.

Hotel-Restaurant Reichsschenke „Zum Ritter Götz“
Robert-Schuman-Straße 57
D-54536 Kröv
Tel. 06541 81660, Fax 06541 8166105
E-Mail: hotel@reichsschenke.de

Riesling-Sektschaum mit Flusskrebsen und Bärlauchsud

25	küchenfertige Flusskrebse
	Fenchel, Lorbeerblatt, Salz

Für den Fond

1	kleine Selleriestange
1	Stange Lauch, nur der weiße Teil
1	kleine Mohrrübe
2	Schalotten
1	Knoblauchzehe
4-5 EL	Olivenöl
1 TL	Tomatenmark
200 ml	halbtrockener Rieslingsekt
1	Zweig frischer Thymian
1	Lorbeerblatt
1	Zweig frische Petersilie
1	Sternanis
	Salz, Cayennepfeffer

Für den Bärlauchsud

1	kleiner Bd. frischer Bärlauch
50 ml	Bärlauchöl

Für das Sabayone

80 ml	Flusskrebsfond
5	Eigelb
80 ml	halbtrockener Rieslingsekt
	Salz

1 Die Krebse 5 Minuten sprudelnd in Wasser, dem Fenchel, Lorbeerblatt und Salz zugesetzt wurde, kochen lassen. Herausnehmen und die Krebsschwänze ausbrechen. Köpfe und Schalen grob mit dem Mörser zerstampfen.

2 Das Gemüse waschen, putzen und klein schneiden. Schalotten und Knoblauch abziehen und hacken.

3 Das Olivenöl in einem Topf erhitzen. Köpfe und Schalen der Krebse scharf anbraten. Das Gemüse zufügen und mit anschwitzen. Tomatenmark zufügen, durchschwitzen. Mit dem Rieslingsekt ablöschen. Alles um 1/4 reduzieren lassen und mit Wasser auffüllen, bis alles leicht mit Flüssigkeit bedeckt ist. Kräuter und Gewürze zufügen und gut abschmecken. Nun wieder reduzieren, bis ca. 100-150 ml Flüssigkeit übrig bleiben. Die Masse durch ein feines Sieb passieren. Dabei Karkassen und Gemüse ausdrücken, damit der ganze Geschmack in den Sud übergeht.

4 Den Bärlauch waschen, trocken tupfen, die Stiele entfernen. Die Blätter mit Bärlauchöl pürieren, salzen und pfeffern.

5 Das Krebsfleisch in den Sud der Karkassen geben und 2 Minuten aufkochen, herausnehmen mit dem Bärlauchpüree vermischen.

6 Die 5 Eigelb mit Rieslingsekt schaumig schlagen. Den warmen Flusskrebsfond langsam dazugeben. Die Masse über Wasserdampf dick und schaumig aufschlagen. Eventuell nachwürzen.

7 Zum Anrichten die lauwarmen Flusskrebsschwänze im Bärlauchsud auf 4 Sektschalen verteilen. Darauf die warme, schaumig geschlagene Sabayone vorsichtig verteilen. Die Massen schichten, nicht vermischen.

Die Teile der Doppelstadt *Traben-Trarbach* sind nur durch eine Brücke über die Mosel verbunden. Traben am Hang der Eifel und Trarbach am Hunsrück liegend, werden als moselländische Jugendstilstadt bezeichnet. Der Berliner Architekt Bruno Möhring hat Anfang des 20. Jahrhunderts einige Villen, das Hotel Clauss-Feist, Zum Schwanen, die Weinkellerei Kayser sowie das imposante Brückentor geschaffen.
Das Hotel Restaurant Moseltor ist seit 1838 im Besitz der Familie Bauer. Spezialität des Hauses sind typische Gerichte der Region.

Hotel Moseltor
Moselstraße 1
D-56841 Traben-Trarbach
Tel. 06541 6551, Fax 06541 4922
E-Mail: info@moseltor.de

Kräuterflan mit Räucherlachs und Gurkenspaghetti

4	Stängel Dill
4	Stängel Petersilie
1	Bd. Schnittlauch
1	Bd. Kerbel
5	Blatt weiße Gelatine
125 ml	Sahne
200 g	Joghurt
1 EL	Zitronensaft
	Salz, frisch gem. weißer Pfeffer
1 EL	Rieslingessig
1 Msp.	Zucker
1 EL	Olivenöl
1	Salatgurke
150 g	geräucherter Lachs

1 Kräuter waschen, trocken tupfen und hacken. Die Blattgelatine in kaltem Wasser einweichen, ausdrücken und in 50 ml Sahne auflösen. Joghurt mit den Kräutern vermischen, etwas Dill für die Salatsauce zurückbehalten, mit Zitronensaft, Salz und Pfeffer würzen. Die restliche Sahne steif schlagen und unterziehen. In 4 Timbaleförmchen oder kleine Tassen füllen und im Kühlschrank fest werden lassen.

2 Aus Rieslingessig, Salz, Pfeffer, Zucker Olivenöl und gehacktem Dill eine Salatsauce zubereiten. Die Salatgurke in feine lange Streifen schneiden und mit Salatsauce vermischen.

3 Zum Servieren den Kräuterflan aus den Timbaleförmchen auf Teller stürzen, evtl. kurz in heißes Wasser tauchen, und mit geräuchertem Lachs und Gurkenspaghetti anrichten.

Eifeler Forellenfilet auf roter Honig-Buttersauce

2	Stangen Lauch
300 ml	Gemüsebrühe
	Salz
1/2 l	Rotwein
2-3 EL	Blütenhonig
100 g	gesalzene Butter
	frisch gem. weißer Pfeffer
4	küchenfertige Eifeler Teichforellen

1 Den Lauch waschen und in Scheiben schneiden. Mit der Gemüsebrühe in einen Topf geben und gar dämpfen, am besten auf einem Siebeinsatz. Mit Salz würzen.

2 Den Rotwein in einen kleinen Topf gießen und stark reduzieren lassen. Den Blütenhonig unterrühren und die kalte Butter in Stücken dazu geben. Mit Pfeffer würzen.

3 Den Backofen auf 185° C Ober- und Unterhitze vorheizen. Die Forellen mit etwas Wasser in einen Fischtopf geben, Salz und Pfeffer zufügen und im Backofen ca. 15 Minuten gar ziehen lassen. Die Forellen häuten und filetieren.

4 Zum Servieren die rote Honig-Buttersauce als Spiegel auf einen vorgewärmten Teller geben. Den Lauch als kleines Bett anrichten und die Forellen darauf legen.

Dazu passen Salzkartoffeln.

Parfait aus weißer Schokolade auf Rhabarber-Erdbeer-Kompott

100 g	weiße Schokolade
3 EL	Kirschwasser
2	Eigelb, 1 Ei
125 g	Zucker
1/2 l	Sahne
1/2-1	unbehandelte Zitrone
250 g	Erdbeeren
500 g	Rhabarber
250 g	Gelierzucker
	Minzeblättchen, Puderzucker

1 Die weiße Schokolade reiben und das Kirschwasser zufügen. Die 2 Eigelb, Ei und Zucker verrühren, dann über Wasserdampf aufschlagen. Die Schokoladenmasse zufügen. Die Sahne steif schlagen und unterziehen. Die Masse in Timbale oder andere kleine Förmchen füllen und im Tiefkühlfach gefrieren lassen.

2 Die Zitrone waschen, die Schale abreiben und den Saft auspressen. Die Erdbeeren waschen und vom Blütenansatz befreien. Den Rhabarber abziehen und in kleine Stücke schneiden. Zitronenschale und -saft zufügen und mit 125 ml Wasser, Erdbeeren und Gelierzucker im Topf 4 Minuten kochen.

3 Rhabarber-Erdbeer-Kompott in tiefe Teller füllen. Das Parfait aus den Timbalen stürzen und anrichten. Mit Minzeblättchen dekorieren und Puderzucker bestreuen. Eine Beerenauslese rundet den Genuss ab.

Über Trarbach wacht die 1350 erbaute Grevenburg der Grafen von Sponheim-Starkenburg, heute eine Ruine. Ludwig XIV. hat sie in den Reunionskriegen gesprengt, wie so viele Burgen und Festungen an Mosel und Rhein. Auf der engen Moselschleife mit steilen Hängen über Traben jedoch ließ er eine mächtige Festung Montroyal errichten, doch als er sich 1697 nach dem Friedensschluss von Rijswijk zurückziehen musste, sprengte er kurzerhand seine eigene Festung in die Luft.
Nach einer ausgedehnten Besichtigungstour kann man es sich in der Alten Zunftscheune auch zünftig schmecken lassen. Das aus dem 18. Jahrhundert stammende Anwesen hat Familie Niedersberg liebevoll mit Antiquitäten geschmückt.

Alte Zunftscheune
Neue Rathausstraße
D-56841 Traben-Trarbach
Tel. 06541 9737, Fax 06541 8142808
E-Mail: info@zunftscheune.de

Kalbsschnitzel
nach Art der Alten Zunftscheune

4	dünne Kalbsschnitzel
	Salz, frisch gem. Pfeffer
4	Scheiben roher Eifeler Schinken
6	frische Salbeiblätter
4-5 EL	Olivenöl
1/4 l	trockener Mosel-Riesling
200 g	Crème double
2-3	kleine Zucchini
1 TL	getrocknete Kräuter der Provence

1 Die Schnitzel mit Salz und Pfeffer wenig würzen, da der Schinken genug Salz enthält. Die Schinkenscheiben darauf legen, ebenso jeweils 1 Salbeiblatt und mit einem Zahnstocher feststecken. Den Backofen auf 200° C Ober- und Unterhitze vorheizen. 2 EL Öl in einer Pfanne erhitzen, die Schnitzel von beiden Seiten kurz anbraten und im Backofen etwas nachziehen lassen.

2 Den Bratsud mit dem Riesling ablöschen, den Rest der Salbeiblätter und Crème double zugeben, salzen, pfeffern und einkochen lassen. Die Sauce kurz aufmixen.

3 Zucchini waschen und in Scheiben schneiden. Den Rest des Öls in einer Pfanne erhitzen, Zucchini beidseitig kurz braten, mit Salz, Pfeffer und Kräutern der Provence würzen.

4 Die Kalbsschnitzel mit den Zucchinischeiben auf vorgewärmten Tellern anrichten.

Dazu passen Bandnudeln und der gleiche gute Wein, der zum Kochen genommen wurde, für Kinder unser Traubensaft.

Romantik-Jugendstilhotel Bellevue
An der Mosel 11
D-56841 Traben-Trarbach
Tel. 06541 7030, Fax 06541 703400

Ein Besuch im Romantik-Jugendstilhotel Bellevue, dem ehemaligen Hotel Clauss-Feist, mit seinem Jugendstil-Ambiente wird zu einem Erlebnis besonderer Art. Es ist eines der führenden Häuser an der Mosel. Inhaber ist Matthias Ganter. Sein Küchenchef Bernhard Tintemann empfiehlt:

Frischlingsrücken in der Kräuterkruste mit Balsamico-Kirschen und Kartoffelgugelhupf

Für den Frischlingsrücken

2	Möhren
500 g	Sellerieknolle
2	Zwiebeln
1	Frischlingsrücken mit Knochen, ca. 2,5-3 kg
	Salz
	frisch gem. schwarzer Pfeffer
2 EL	Schmalz
1 TL	Tomatenmark
5	Zweige Thymian
je 1 Zweig	Rosmarin, Salbei
200 ml	kräftiger Rotwein
1/2 l	Wildfond

Für die Kruste

2 Bd.	Petersilie
150 g	zimmerwarme Butter
3	Eier
120-130 g	Semmelbrösel

Für die Balsamico-Kirschen

2 EL	Zucker
40 ml	Portwein
1/8 l	Kirschsaft
30 g	eiskalte Butter
3 EL	Balsamico-Essig
	Kirschen
	Salz, frisch gem. Pfeffer

Für den Kartoffelgugelhupf

2	Zwiebeln
250 g	durchwachsener Speck
1 kg	Kartoffeln
2-3 EL	Öl
5	Eigelb
	Salz, Pfeffer, ger. Muskatnuss
100g	Mehl

1 Das Gemüse waschen, trocken tupfen, schälen und in Scheiben oder Würfel schneiden. Die Zwiebel abziehen und grob würfeln. Den Frischlingsrücken waschen, trocken tupfen und kräftig mit Salz und Pfeffer würzen.

2 Backofen auf 190-200° C vorheizen. Das Schmalz in einem Bräter erhitzen und den Frischlingsrücken auf der Fleischseite scharf anbraten. Den Rücken wenden. Gemüse, Tomatenmark und Kräuter zufügen und mitrösten. Mit dem Rotwein ablöschen und reduzieren lassen. Den Wildfond angießen und den Frischlingsrücken abgedeckt im Backofen 35-45 Min. schmoren lassen. Dabei gelegentlich mit dem Schmorfond begießen.

3 Die Petersilie waschen und hacken. Für die Kruste die Butter schaumig schlagen. Die Eier nach und nach unterrühren. Semmelbrösel und Petersilie einarbeiten, bis eine dicke Paste entsteht.

4 Den Frischlingsrücken mit der Paste bestreichen und zurück in den Backofen stellen. Bei 200° C 15-20 Minuten überbacken, bis eine goldbraune Kruste entstanden ist. Den Rücken aus dem Bräter nehmen, mit Alufolie abdecken und bei 90° C im Backofen warm stellen. Den Bratfond durch ein Sieb passieren und etwa 1/8 Liter davon abmessen.

5 Für die Sauce den Zucker in einem Topf karamellisieren, mit dem Portwein ablöschen und reduzieren. Den Kirschsaft und den abgemessenen Bratfond zugeben und auf die Hälfte einkochen. Die kalte Butter in Stücken zusammen mit dem Balsamico Essig hineingeben. Die Kirschen in die Sauce geben und kurz erhitzen, aber nicht mehr kochen lassen, die Sauce würde sonst gerinnen. Mit Salz und Pfeffer abschmecken.

6 Für den Kartoffelgugelhupf die Zwiebeln abziehen und fein hacken. Den Speck in kleine Würfel schneiden. Die Kartoffeln schälen, waschen und grob raspeln. In einem Küchentuch gut auspressen. Öl in einer Pfanne erhitzen und Zwiebeln und Speck kurz darin anschwitzen. Mit den Kartoffeln gut vermischen. Die 5 Eigelb untermischen. Mit Salz, Pfeffer und Muskat würzen. Nach und nach das gesiebte Mehl einarbeiten, bis ein glatter Teig entsteht.

7 Den Backofen auf 175° C Umluft vorheizen. Eine Gugelhupfform mit Butter gut einfetten und mit Semmelbröseln ausstreuen. Den Kartoffelteig einfüllen und im Backofen für 60-70 Minuten backen. Den fertigen Kuchen aus der Form stürzen und in Scheiben schneiden.

Im historischen Kern von *Pünderich* verbergen sich mittelalterliche Fachwerkhäuser. Das alte Rathaus von 1615 mit dem runden Treppenturm und das historische Eichamt für Weinfässer mitten im Ort erzählen von vergangenen Zeiten. Das Fährhaus von 1621 zählt zu den schönsten an der Mosel.
Um zu den gegenüberliegenden Weinbergen mit der krönenden Marienburg zu gelangen, muss man auch heute noch eine Fähre benutzen. Vom benachbarten *Briedel*, einem schmucken Winzerort, führt ebenfalls eine Fähre zu den Steillagen am anderen Ufer.
Die schönen Moselorte *Kaimt* und *Merl* sind heute Stadtteile von *Zell*, das durch seinen Spitzenwein Zeller Schwarze Katz Berühmtheit erlangt hat. Der Marktplatzbrunnen hat das Thema aufgegriffen. Sehenswert ist das ehemalige Residenzschloss der Kurfürsten von Trier aus der Mitte des 16. Jahrhunderts. Zwei Türme der im 13. Jahrhundert erbauten Stadtmauer sind bis heute erhalten geblieben: der viereckige Turm im Bachtal an der alten Poststraße sowie der runde Pulverturm, von Weinreben eingerahmt, als Wahrzeichen von Zell. Der Name Zell leitet sich ab vom lateinischen Wort cella, Vorratsraum, weil die Römer hier wohl eine Rast- und Versorgungsstation eingerichtet hatten. Eine Straßenbrücke sowie eine Fußgängerbrücke führen direkt zu berühmten Lagen wie der des Zeller Hamm.

Auf der rechten Moselseite folgt als nächster Weinort Merl. Besuchen Sie das Weingut Albert Kallfelz! Die Weine dieses Familienbetriebes wachsen auf Schieferböden in exponierten Steillagen. Dieser Schiefer mit seinen Mineralien verleiht dem Wein seinen besonderen Charakter: leicht, feinfruchtig und bekömmlich. Die Qualität der Kallfelz-Weine manifestiert sich in vielen Auszeichnungen und Preisen, aber auch in der großen Nachfrage aus dem In- und Ausland. Ihre Lagen sind Merler Sonneneck, Merler Adler, Merler Königslay-Terrassen, Merler Stephansberg, Merler Fettgarten und Merler Klosterberg. Kallfelz-Rieslinge sind Spitzenerzeugnisse.

Weingut Albert Kallfelz
Hauptstraße 60-62
D-56856 Zell/Merl
Tel. 06542 93880, Fax 06542 938850
E-Mail: info@kallfelz.de

Ein interessantes Bauwerk spannt sich bei *Bullay* über die Mosel. Die Doppelbrücke für Schiene und Straße galt zur Bauzeit 1878 als technische Meisterleistung. Mit einer Personenfähre setzt man direkt zum Wein- und Luftkurort *Alf* über. Von der benachbarten Burg Arras hat man einen wunderbaren Rundblick über die Moselschleife. Über die Straße durch das Alfbach- und Üßbachtal aufwärts gelangt man nach *Bad Bertrich* am südlichen Auslauf der Vulkaneifel. Das Bad besitzt die einzige warme Glaubersalzquelle Deutschlands, die schon den Römern bekannt war. Mit dem malerischen kurfürstlichen Schlösschen, dem Kurhotel, einem neubarocken

Kursaal mit Trinkhalle und neuklassischem Bäderhaus, eingerahmt von einem idyllischen Kurpark, wirkt alles gemütlich klein. Niemand hat die Szene treffender beschrieben als der Arzt Dr. Hoffmann - Verfasser des Struwwelpeters -, der 1849 meinte: „Man fürchtet, irgendeiner packe dieses Spielzeugbad in irgendeine Schachtel und trage es davon."
Zurück zur Mosel, hinter einer Staustufe mit Schleuse, erscheint die Brücke, die den Weinort *Bremm* mit *Neef* verbindet.

Im Heißluftballon lassen wir uns moselabwärts zum „heißen Berg", so die ursprünglich lateinische Bezeichnung ***MONS CALDUS*** – später und bis heute: ***Calmont*** – tragen. Wir überfliegen eine Spitzenlage der berühmtesten Moselweine. Eine Spitzenlage ist es auch deshalb, weil der mit unglaublicher Zähigkeit angelegte Weinberg ein Gefälle von schier 65 Grad hat und damit wohl der steilste Weinberg Europas ist. Die ausgebauten Trauben belohnen die Mühe mit Spitzenweinen. Sie verdanken ihre Qualität dem günstigen Sonneneinstrahlungswinkel, der den Berg gleichsam in ein mediterranes Biotop verwandelt. Die exzellente Wärmespeicherung und der mineralstoffreiche Schiefergrund ergänzen sich zu einer glücklichen Verbindung. Mediterranes Biotop? Wer dieses einzigartige Stückchen Erde betritt, kann hier unter anderem Bergrosen, Smaragdeidechsen und Apollofaltern begegnen, nach denen Sie sonst in unseren Breiten vergeblich suchen.

Inhaber Ulrich Franzen hat seinen Weinberg vor einiger Zeit mit viel Akribie und Fleiß ausgebaut; das war keine leichte Arbeit.

Darüber hinaus bietet der Calmont für schwindelfreie Sportler mit gutem Schuhwerk einen alpinen Klettersteig. Dabei lässt sich die Natur hautnah erleben. Dieser Klettersteig wurde 2001 auf Anregung der Gemeinden Ediger-Eller, Bremm und Neef zusammen mit dem Kulturamt Mayen und dem Alpenverein Sektion Koblenz ausgebaut.

Zu allen Jahreszeiten aber kann man von hier oben die Ruine des 1137 erbauten Augustinerinnenklosters-Stuben, das von der Mosel immer noch liebevoll umflossen wird, entdecken.
Auf dem Calmont-Höhenweg gelangen wir etwas leichter zum Gipfelkreuz und passieren auf dem Weg freigelegte Mauerreste eines römischen Bergtempels, bevor wir den Doppelort *Ediger-Eller*, beide keltischen Ursprungs, erreichen. Der Abstieg lohnt sich. Schmale Gassen mit alten Sakralbauten und bunten Fachwerkhäusern sind Zeugen fränkischer Blütezeit. *Eller* war schon um 600 n. Chr. Königshof. Die Pfarrkirche St Hilarius aus dem 12. Jahrhundert enthält den berühmten Marienaltar von 1621. Die gotische St. Rochuskapelle erinnert an die Pestepidemie von 1419/20. Wenn Sie sich jetzt ein paar Stunden der Muße gönnen wollen, besuchen Sie das

Romantische Kellerei-Gewölbe bergen nicht nur ausgewählte Weine, sondern auch Sammlungen alter Ofen- und Kaminplatten, sowie Winzer- und Küfergeräte. In der Schatzkammer können Sie sich dann bei Kerzenschein Schätze wie „Ellerer Calmont", „Ellerer Höll", „ Ellerer Kapplay", „Ellerer Bienenlay", „Ediger Elzhofberg" oder „Osterlämmchen" einverleiben. Die Schätze kommen aber auch der Seele zu Gute. Wenn Sie dann noch etwas am Ort verweilen möchten, weil er so schön ist, warten auf Sie die bekannten Hotels „Alte Torschenke" oder das „Parkhotel von Landenberg" im nahen Cochem.
Und am nächsten Tag möchten Sie auch noch mehr über Ediger-Eller wissen? Niemand hätte uns den Ort, seine Bewohner und Geschichte

sowie die Schönheiten der Umgebung besser vorstellen können als Peter Barzen. Er hat sich dazu einen ganzen Tag Zeit genommen. Die zweischiffige, spätgotische Pfarrkirche St. Martin, aus dem 11. bis 16. Jahrhundert, in Ediger besitzt ein kirchenbaulich hochinteressantes Netzgewölbe, das von einem Säulenbaum getragen wird. Der weithin sichtbare Kirchturm gilt mit seinem reich verzierten Schiefer bedeckten Helm als etwas Besonderes. Der Stationsweg hinauf zur Kreuzkapelle von 1488 soll einer der ältesten Deutschlands sein.

Die Kapelle birgt das aus dem 16. Jahrhundert stammende Reliefbild „Christus in der Kelter“, ein Zeugnis moselländischer Frömmigkeit. Ein Rundgang durch den Ort innerhalb der Stadtbefestigung mit Türmen und Toren von 1363 offenbart die Schönheit der Innenstadt. Jedes der vielen bunten Fachwerkhäuser hinterlässt einen bleibenden Eindruck von Geschichte, Kultur und Leben der Menschen. Im Juli 2007 wurde der Kulturweg der Religionen feierlich eingeweiht. Nach all den geistigen Eindrücken will jetzt schon wieder Bruder Leib zu seinem Recht kommen. Mit jeder der folgenden Adressen sind Sie gut beraten: Straußwirtschaften sowie die „Alte Winzerstube“ der Familie Haupts, Nikolausstraße, der St. Martinuskeller von Lydia und Thomas Reuter, Kirchstraße, das Weingut Feiden mit Winzerschänke im ehemaligen Gräflichen Dauner Hof, der Gutshof Lenz, Straußwirtschaft und Ferienwohnungen auf der Hochstraße sowie der Gasthof Christoffel mit bekannt guter Küche.

Hotel und Restaurant Christoffel

Inh. Elvi und Norbert Krötz
Koch: Peter Krötz
Hochstraße 24, D-56814 Ediger-Eller
Tel. 02675 255 u. 344, Fax 02675 1625

Bruder Heinrich oder haariger Bruder lebte vor langer Zeit als Eremit auf der gegenüberliegenden Moselseite. Die auf einem Felsvorsprung erbaute Einsiedelei wurde erstmals 1173 erwähnt. Eine seiner Lieblingssuppen sollte hier nicht fehlen. Sie wurde nach ihm benannt.

Broora Häärisch Suppe

500 g	Gemüse wie Sellerie, Möhren, Lauch, feine frische Erbsen oder TK
1 – 2	Knoblauchzehen
2 EL	Öl
50 g	Butter
1 l	Gemüsefond
125 ml	Sahne
25 g	Mehl
	Salz
	frisch gem. schwarzer Pfeffer
	frische Kräuter wie Petersilie, Kerbel, Schnittlauch
ca. 6 EL	Trester

1 Das Gemüse waschen, putzen und in kleine Würfel schneiden. Die Erbsen enthülsen. TK-Erbsen bereitstellen. Die Knoblauchzehe abziehen und zerdrücken.

2 Das Öl in einem Topf erhitzen. Die Hälfte der Butter zufügen. Das Gemüse, bis auf die Erbsen, darin andünsten. Frische Erbsen zugeben, TK-Erbsen erst zum Schluss. Den Gemüsefond und die Sahne angießen. Butter und Mehl verkneten, in die Suppe rühren. Mit Salz und Pfeffer gut würzen. 15 Minuten köcheln lassen.

3 Die Kräuter waschen, die Blättchen von den Stielen zupfen und hacken. Den Schnittlauch in Röllchen schneiden.
Kurz vor dem Servieren die Kräuter einrühren und mit dem Trester verfeinern.

Ediger Halsfleisch

1 kg	Halsfleisch vom Rind
	Salz, Pfeffer

Für die Marinade

2	Zwiebeln
3	Lorbeerblätter
8-10	Pfefferkörner
1/4 l	Weinessig
2 EL	Zucker

2	Zwiebeln
3 EL	Butterschmalz
250 ml	Fleischbrühe
50 ml	Weinessig
200 ml	Wein
1 EL	Mehl

1 Das Fleisch in Stücke schneiden, salzen und pfeffern. Für die Marinade die Zwiebeln in Scheiben schneiden und abwechselnd mit dem Fleisch in eine Schüssel schichten. Lorbeerblätter und Pfefferkörner zufügen. Weinessig mit 350 ml Wasser verdünnen, Zucker zufügen und über das Fleisch gießen. Abgedeckt, kühl und dunkel 3 Tage stehen lassen.

2 Fleisch herausnehmen und abtropfen lassen. Die Zwiebeln abziehen und würfeln. Butterschmalz in einem weiten Topf erhitzen. Das Fleisch hineingeben und anbraten. Die Zwiebeln zufügen, 200 ml Fleischbrühe angießen sowie den Weinessig und Wein. Mit Salz und Pfeffer würzen. Abgedeckt bei kleiner Hitze 1 Stunde schmoren. Das Mehl mit der restlichen Fleischbrühe verrühren und die Sauce damit andicken.

Parfait aus roten Weinbergpfirsichen

Für 8-10 Portionen

10	Eigelb
150 g	Zucker
150 ml	roter Weinbergpfirsichlikör
500 g	eingeweckte rote Weinbergpfirsiche
1 l	Sahne
	nach Belieben Puderzucker

1 10 Eigelb mit Zucker über Wasserdampf cremig aufschlagen. Die Masse über Eiswasser wieder kalt schlagen. Den Weinbergpfirsichlikör zufügen. Die Weinbergpfirsiche mit dem Saft pürieren und mit der Eigelbcreme vermischen. Die Sahne schlagen und vorsichtig unterziehen. Sollte die Masse nicht süß genug sein, etwas Puderzucker zufügen.

2 In eine mit Klarsichtfolie ausgelegte Form füllen. Auch kleine Portionsschälchen sind geeignet. Für etwa 5 Stunden in das Gefrierfach stellen.

Tipp: Nach Belieben kleine Fruchtstücke in die Masse geben. Diese sollten aber 1-2 Stunden in Weinbergpfirsichlikör getränkt werden.

Waffelröllchen und ein Espresso runden das Essvergnügen ab.

Das Weingut Walter J. Oster bietet Ferien im Winzerhaus. Eigene Weine, Liköre, Obstbrände und vieles mehr können im Kellergewölbe probiert und erworben werden.
Eller besitzt seit 1879 einen Bahnhof in der Nähe des Südausgangs des Kaiser-Wilhelm-Tunnels, der durch den Krampen mit einer Länge von 4.205 Metern führt. Dies für den Fall, dass Sie mit dem Zug weiterfahren wollen oder ... müssen. Sie können sich aber auch noch einen oder mehrere Glück verheißene Tage und Nächte im Moselromantik-Hotel „Zum Löwen" einmieten. Inhaber sind Manuela und Kurt Saffenreuther.

Moselromantik-Hotel „Zum Löwen"
Moselweinstraße 23
D-56814 Ediger-Eller
Tel. 02675 208, Fax 02675 214
E-Mail: info@mosel-hotel-loewen.de

Zander auf Kürbis-Chutney

Als Hauptgang für 4 Portionen,
als Vorspeise für 6 Portionen

Für Kürbis-Chutney

ca. 500 g	Kürbis (bevorzugt Hokkaido oder Moutard de provence)
1-2	Orangen
1	Zwiebel
1	unbehandelte Zitrone
1	kleine Ingwerwurzel, fein gerieben
1	kleine Chilischote
ca. 150 g	brauner Zucker
1	kleine Zimtstange
6 EL	weißer Balsamico-Essig
2	Tomaten
600-800g	Zanderfilet (am besten große Filets wählen)
	Salz
	frisch gem. weißer Pfeffer
ca. 1 EL	Mehl
40 g	Butter
	Kürbiskernöl

1 Den Kürbis schälen und in 1 cm große Stücke schneiden. Die Orangen schälen und die Filets herausschneiden. Die Zwiebel abziehen und klein schneiden. Etwas von der Schale der Zitrone abreiben und den Saft auspressen. Die Ingwerwurzel schälen und fein reiben. Die Chilischote hacken, evtl. die Kerne entfernen, falls die Schote sehr scharf ist. Alle bisher genannten Zutaten mit braunem Zucker, Zimtstange, Balsamico-Essig, Salz und Pfeffer in einen Topf geben und ca. 1 Stunde kochen. Nochmals gut abschmecken. Die Tomaten überbrühen, häuten und in Rauten schneiden. Kurz vor dem Anrichten in das Chutney schwenken.

2 Das Zanderfilet mit Salz und Pfeffer würzen, auf der Hautseite mehlieren. Die Butter in einer Pfanne erhitzen und das Zanderfilet auf der Haut bei mittlerer Hitze anbraten. Mit einer Gabel in der Mitte herunterdrücken, damit die Haut, die sich zusammenzieht, auch in der Mitte schön kross wird. Einmal wenden und dann langsam wieder auf der Hautseite bei kleiner Hitze fertig garen.

3 Das Chutney anrichten, die Zanderfilets auflegen und mit Kürbiskernöl aromatisieren. Dazu kleine gekochte Kartoffeln reichen.

Eifeler Hirschrücken mit frischen Waldpilzen

Für die Wildbrühe

ca. 1,2 kg	Hirschrücken mit Knochen oder
600 g	schieres Fleisch, dann mit einem Wildfond arbeiten. Aus den Knochen eine dunkle Sauce zubereiten
1 große	Zwiebel
1	Möhre
1 Stück	Knollensellerie
4-5 EL	Öl
	Wacholderbeeren, Pfefferkörner, Lorbeerblatt, Thymian
1 EL	Tomatenmark
1/2 l	Rotwein
	Salz

1 Die Hirschsteaks von den Knochen lösen. Das Gemüse waschen, putzen, trocken tupfen und klein schneiden.

2 Das Öl in einem Topf erhitzen. Die Knochen etwa 20 Minuten braun anbraten. Tomatenmark, klein geschnittenes Gemüse, Kräuter und Gewürze zufügen und weitere 10 Minuten bräunen. Mit dem Rotwein immer wieder ablöschen, bis eine schöne Farbe entstanden ist. 2 Liter Wasser angießen. Nach dem Aufkochen, abschäumen, salzen und ca. 2 Std. bei mäßiger Temperatur kochen, passieren und auf 1 Liter reduzieren.

3 Den Hirschrücken in 4 Steaks schneiden und würzen. Olivenöl erhitzen und die Steaks beidseitig anbraten. Im Backofen ca. 25 Min. bei 120° C warm halten.

Für die Waldpilze

ca. 300 g	Semmelstoppelpilze, ersatzweise Austernpilze
3-6	Schalotten, je nach Größe
1 Bd.	Kerbel oder Petersilie
130 g	Butter
	Salz, Pfeffer
1 TL	Speisestärke nach Belieben

1 Die Pilze putzen, wenn nötig waschen, trocknen und in Streifen schneiden. Die Schalotten fein schneiden. Die Kräuter waschen, trocken tupfen, die Blättchen von den Stielen zupfen.

2 30 g Butter in einer Pfanne erhitzen. Pilze und Schalotten hineingeben und andünsten. Rühren, bis fast die ganze Flüssigkeit verdunstet ist. Mit Salz und Pfeffer würzen. Die Kräuter unterheben. Die Sauce eventuell mit etwas Speisestärke binden und kalte Butter unter Rühren zugeben, bis die Sauce schön glänzt und abschmecken. Nicht mehr kochen lassen!

3 Das Pilzragout auf Tellern anrichten. Die Hirschsteaks aus dem Ofen nehmen, einmal in der Mitte waagerecht durchschneiden und auf dem Pilzragout anrichten. Mit der Sauce leicht übergießen und die Beilagen dazu servieren.
Als Beilage passen Spätzle, Rosenkohl oder fein geschnittener gedünsteter Wirsing mit Speck und Zwiebel.

Dazu empfehlen wir unseren eigenen *Ediger Elzhofberg Auslese*, halbtrocken.

Gelee von roten Weinbergpfirsichen

Für etwa 6 Portionen

8	rote Weinbergpfirsiche
150 g	Zucker
ca. 12 Blatt	Gelatine
1/4 l	Sahne

1 Die Weinbergpfirsiche überbrühen und häuten. Den Zucker mit 1 1/2 Liter Wasser einige Minuten kochen. Die Weinbergpfirsiche ca. 3 Minuten hineingeben und bei kleiner Hitze kochen. Alles erkalten lassen.

2 Die Pfirsiche herausnehmen, abtropfen lassen und klein schneiden. Den Saft abmessen, pro 250 ml 4 Blatt Gelatine in kaltem Wasser einweichen. Den Saft wieder etwas erwärmen, die Gelatine ausdrücken und hineingeben. Die Pfirsiche zufügen. In Förmchen (Timbale oder Espressotassen) füllen, über Nacht erkalten lassen und stürzen.

Mit steif geschlagener Sahne garnieren oder mit einer Vanillesauce servieren.

Am Südufer der nächsten Moselkehre liegt von Weinbergen eingerahmt der kleine Ort *Nehren*. Gegenüber auf dem Hochkessel, der höchsten Erhebung am anderen Moselufer, befinden sich die Überreste einer keltischen Fliehburg. In den Weinbergen oberhalb von Nehren wurden Grabtempel mit Wandgemälden aus der Römerzeit entdeckt und rekonstruiert. Von hier oben kann man einen herrlichen Blick auf das Moseltal und den bewaldeten Hunsrück genießen.
Vorbei geht es an den Winzerdörfern *Senhals* und am rechten Ufer *Senheim*. Im Wohnturm der alten Vogtei aus dem 13. Jahrhundert wurde eine Werkstatt mit einer Künstlerbegegnungsstätte des Bildhauers und Grafikers Christopf Anders eingerichtet.

Etwas weiter findet man das Weingut-Weinmuseum Schlagkamp-Desoye. Dieter Schlagkamp hat in mehr als vierzig Jahren über 10.000 Objekte zusammengetragen und dauerhaft zur Besichtigung ausgestellt. Die weltweit größte Sammlung aus der Weinkultur vermittelt einen umfassenden Eindruck der Tätigkeit der Winzer und Küfer an der Mosel von der Römerzeit bis heute. Seit 1602 befindet sich das Weingut im Familienbesitz. Andreas Schlagkamp hat im August 2003 in elfter Generation den Betrieb übernommen. Seine Philosophie, dass die Basis guter Weine ein naturnaher und den örtlichen Verhältnissen angepasster Weinanbau ist, wird jedes Jahr durch seine Spitzenweine bewiesen. In schieferhaltigen Steil- und Hanglagen wie Senheimer Rosenhang, Senheimer Bienengarten, Senheimer Vogteiberg und Senheimer Lay gedeihen klassische Rebsorten wie Riesling besonders gut, aber auch Grau- sowie Weißburgunder, Rivaner und Elbling. Ein Besuch zum Verkosten lohnt sich! Das Museum und weitere Räumlichkeiten werden neben Weinproben und privaten Veranstaltungen auch regelmäßig zu kulturellen Veranstaltungen mit wechselndem Programm genutzt.
Zu empfehlen ist ein Rundgang durch den kleinen Weinberg hinter dem Haus. Er beginnt bei der VinArena.
Vor fünfundzwanzig Jahren hat Dieter Schlagkamp-Desoye, veranlasst durch Ausgrabungen in Heidelberg und Empfehlungen der Bundesanstalt, alte Rebsorten die es gab bevor die Reb-

laus über die Reben herfiel, angepflanzt. Dies sind:

Gänsfüsser blau
Orleans gelb
Putzschere
Hans
Räuschling
Gelbelbling
Honigler
Heunich
Affenthaler
Urban schwarz
Steinschiller
Silberweiß

Mit kleinen Terrassen und Gassen ist der Weinberg gut zu begehen. An Singvögeln mangelt es nicht. Sie freuen sich über die Trauben, die an den Stöcken hängen.

Der große Senheimer Hafen mit Campingplatz wird von Berufsschiffern ebenso wie von Motor- und Segelbooten aufgesucht.
Das Moseldörfchen *Briedern* hat wohl schon lange nicht nur vom Wein gelebt. Ein Schiff im Dorfwappen deutet an, dass man sich hier schon sehr früh auf den Schiffbau, schwere hölzerne Lastkähne, wie sie auch auf den Bildern des Romantikmalers Wilhelm Turner zu sehen sind, spezialisiert hatte. Heute ist Briedern Sitz der Moselreederei Kolb.

Hinter der nächsten Moselschleife taucht das vom mittelalterlichen Ortsbild geprägte *Beilstein* mit seiner alles überragenden Burgruine Metternich auf. Das Ministädtchen drängt sich mit seinem Marktplatz von 1322, dem alten Amtshaus, dem Winneburger Zehnthaus von 1577 und der ehemaligen Dorfkirche St. Christoph in eine Bergnische am Ufer. Der ganze Ort steht unter Denkmalschutz. In den 50er-Jahren durfte Beilstein mit seinem romantischen Charme als Kulisse für mehrere Filme wie „Der fröhliche Weinberg", „Wenn wir alle Engel wären" und „Moselfahrt aus Liebeskummer" dienen. Das historische Ambiente nutzte 1952 Konrad Adenauer, um den italienischen Ministerpräsidenten De Gasperi auf der Terrasse des Amtshauses bei Moselwein für den Europagedanken zu gewinnen. Über die Klostertreppe mit mehr als einhundert Stufen steigt man an schmucken Fachwerkhäusern vorbei, hinauf zur Klosterkirche der Karmeliter. Die schöne, spätbarocke dreischiffige Hallenkirche wurde im 17. Jahrhundert erbaut. Seit 1734 besitzt sie eine herrliche König-Orgel. Die 1637 von Graf Emmerich von Metternich-Winneburg und Beilstein berufenen Mönche vom Berge Carmel konnten 1692 in ihr neu erbautes Kloster einziehen. Ihnen wurden die Pfarrdienste sowie die Verbuchungen der Einnahmen aus Pacht an Kurtrier anvertraut. Gezahlt wurde einmal jährlich zu Martini, am 11. November. Die hier abgebildeten Dokumente stammen aus dieser Zeit.

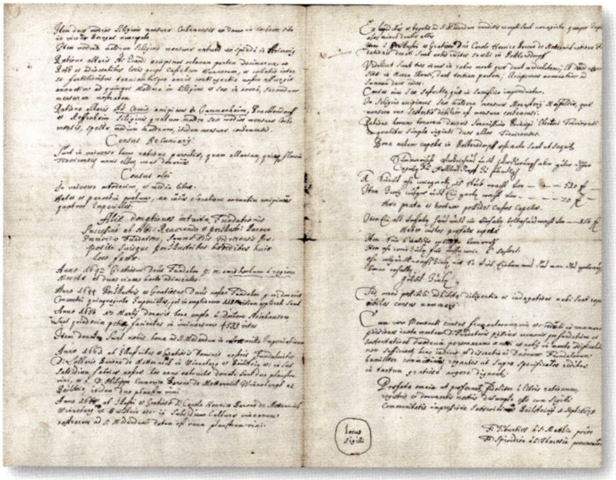

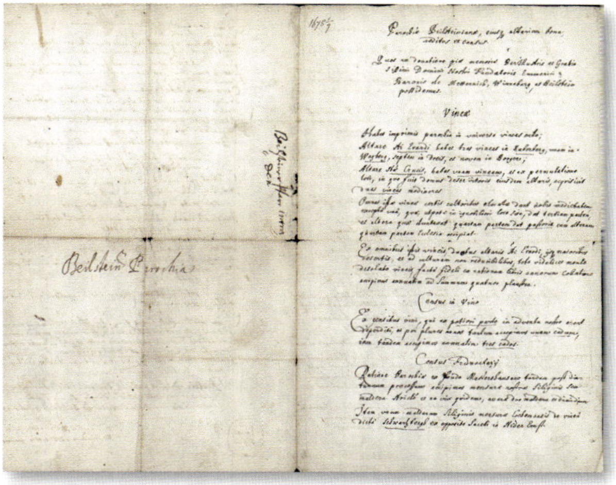

Im Zuge der Französischen Revolution mussten die Patres das Kloster verlassen. Nach dem Zweiten Weltkrieg kehrten sie wieder in das verlassene Kloster zurück. Im Juli 1950 wurde auch die Schwarze Madonna in einer großen Prozession nach Beilstein zurück gebracht. Sie war lange Zeit im Trierer Diözesanmuseum aufbewahrt worden und kann auf eine lange Geschichte zurückblicken. Im Dreißigjährigen Krieg hatten Spanier das Gnadenbild mitgebracht, das alsbald zum Pilgerziel vieler Menschen wurde, die der Madonna ihre Sorgen anvertrauten. 1987 kam Pater Justin Stampfer nach seiner langen Tätigkeit in Brasilien nach Beilstein. Er sah es als seine Aufgabe an, die inzwischen dringend notwendigen Renovierungen des Klosters zu organisieren. Beate Kolb vermochte Jugendliche für das gleiche Anliegen zu begeistern. Auch das Klostercafé ist ihrer Initiative zu verdanken. Von den gemütlichen Innenräumen, bei schönem Wetter auch von den Terrassen, hat man herrliche Ausblicke auf Beilstein und die Mosel. Nach Ausflügen, Wanderungen und Besichtigungen kann man sich hier erholen und stärken bei gutem Kaffee mit Gebäck oder der Karmelitertorte.

Karmelitertorte

Für eine Springform von 28 cm Durchmesser

Für die Biskuitmasse

4	Eier
150 g	Zucker
1 EL	Vanillezucker
100 g	Mehl
100 g	Speisestärke
2-3 TL	Backpulver

Für die Füllung

16 Blatt	weiße Gelatine
3 Beutel	Instant-Cappuccino
1 l	Sahne
4 EL	Krokant

Für die Garnierung

1/4 l	Sahne
	Moccabohnen und Schokoladenblättchen

1 Den Backofen auf 190° C Ober- und Unterhitze vorheizen. Den Boden einer Springform mit Backpapier auslegen, die Ränder nicht einfetten.

2 Die Eier trennen. Das Eiweiß steif schlagen. Eigelb mit Zucker, Vanillezucker und 3 Esslöffeln heißem Wasser schaumig rühren. Den Eischnee unter die Eigelbmasse geben. Mehl, Stärkemehl und Backpulver mischen und mit einem Schneebesen unterheben. Den Teig in die vorbereitete Form füllen und im Backofen auf der zweituntersten Schiene 25-28 Minuten backen. Aus dem Ofen nehmen. Den Biskuitboden einen Tag kühl stehen lassen und zweimal quer durchschneiden.

3 Die Gelatine einweichen. Das Cappuccinopulver in 1/4 Liter heißem Wasser auflösen und abkühlen lassen. Die Sahne steif schlagen, die aufgelöste Gelatine und den Krokant dazugeben. Nun den Cappuccino zufügen und vorsichtig verrühren. Einen Ring um einen Tortenboden legen, einen Teil der Masse darauf streichen, den nächsten Tortenboden darauf platzieren, wieder bestreichen und mit dem dritten Boden abschließen. Mit der restlichen Cappuccinomasse bestreichen und kühl stellen.

4 Nach einigen Stunden den Tortenring entfernen. Die Sahne für die Garnitur steif schlagen und die Torte damit verzieren. Mit Moccabohnen und Schokoladenblättchen garnieren.

Tipp: Nach Belieben einen Teil der Biskuitmasse mit Kakaopulver und etwas Zimt dunkel färben und extra backen. Einen hellen und den dunklen Boden in Streifen schneiden und wechselweise wie ein Schachbrettmuster legen. Mit einem Mocca genießen.

Klostercafé Beilstein – Restaurant
Klosterstraße 55
D56814 Beilstein
Tel. 02673 1674

Wer nicht so fromm angehaucht ist oder sein will, besucht die Winzerschenke an der Klostertreppe und darf sich dann in der Reihe berühmter Vorgänger wie Heinz Rühmann und Willi Millowitsch wissen. Ein deftiger Winzerkartoffelsalat mit gebratener Blutwurst und ein köstlicher Riesling waren bei unserem Besuch nach einer ausgiebigen Wanderung genau das Richtige.

Gasthaus - Winzerschenke
Inh. Christian Sausen
An der Klostertreppe 29
D-56814 Beilstein
Tel. 02673 1354, Fax 02673 962371

Nach Enteignung der fürstlichen Besitztümer während der französischen Revolution wird 1795 das Metternich´sche Amtshaus von Daniel ben Ascher, genannt Lipmann, gekauft und als Wirtshaus mit Weinkellerei eingerichtet. Heute in achter Generation geführt, wird ein Besuch im Hotel „Haus Lipmann" mit den historisch eingerichteten Räumen, einem Rittersaal und der Gartenterrasse mit Blick auf die Mosel zu einem romantischen Erlebnis, selbst wenn Sie alleine kommen.

Hotel „Haus-Lipmann"
Marktplatz 3, D-56814 Beilstein
Tel. 02673 1573, Fax 02673 1521
E-Mail: hotel.haus.lipmann@t-online.de

Geschmortes Rinderragout in Riesling

Für 6 Portionen

1,5 kg	Rinderhüfte
3 EL	Butterschmalz
	Salz, grob gem. Pfeffer
3	Zwiebeln
2	Mohrrüben
3/4 l	trockener Riesling
1/2 l	ungesalzene Fleischbrühe
1	Kräuterbündel (Petersilie, Thymian, Lorbeerblatt, Sellerieblätter, Liebstöckel)
100 g	angeröstete, durchwachsene Speckwürfelchen
400 g	grob gehackte Tomaten

1 Das Fleisch in grobe Würfel schneiden. Butterschmalz in einem Bräter erhitzen und das Fleisch von allen Seiten gut anbraten. Leicht salzen und mit Pfeffer bestreuen. Klein geschnittene Zwiebeln und Mohrrüben zugeben und ebenfalls anrösten.

2 Wein, Fleischbrühe, Kräuterbündel, Speckwürfel und Tomaten hinzufügen und abgedeckt im Ofen bei 175° C 1 1/2 Stunden schmoren.

Dazu servieren wir hausgemachte Spätzle oder Salzkartoffeln und einen frischen Blattsalat.

KLOSTERBURG
Winzerschenke

Lange Zeit war die Gierfähre, die an einem Seil gleitend befestigt ist und nur durch die Flussströmung zum anderen Ufer getrieben wird, die einzige Verbindung von beiden Flussufern.
Nach Passieren einer Staustufe bei *Fankel* gelangen wir nach *Bruttig*, wo einer der drei großen Moselhumanisten, Peter Schade, genannt Petrus Mosellanus, 1492 geboren wurde. Nach seinem Studium in Köln wurde er mit 26 Jahren Rektor der Universität Leipzig.

Von Bruttig führt eine Brücke über die Mosel zum Winzerort *Ernst*. Im St. Quirinus-Hof befindet sich das Weingut Braun, das Junior Gerald zusammen mit seinem Vater Heinrich Braun bereits in der siebten Generation als Familienbetrieb bewirtschaftet. Seit 1786 sind es vor allem die Weinberge in den Steillagen des Valwiger Herrenbergs, in denen der für die Region so typische Riesling gedeiht. Als eines der wenigen Weingüter setzt Familie Braun seit 1962 auch auf die Scheurebe, eine Kreuzung zwischen Silvaner und Riesling — mit bestem Erfolg. Unverkennbar ist das typische Sortenbukett, das an schwarze Johannisbeeren (Cassis) erinnert. In guten Lagen erbringt sie reife, rassige Weine von hoher Qualität. Bei später Lese können überdurchschnittliche Prädikatsweine gewonnen werden.

Castell St. Quirinus - Weingut Braun
Moselstraße 32, D-56814 Ernst
Tel. 02671 7106, Fax 02671 605068
E-Mail: St. Quirinushof@web.de

Die Schönheiten der Untermosel

Die stolze Reichsburg grüßt schon von weitem. Ihr zu Füßen liegt die Kreisstadt *Cochem*. Sie ist eine viel besuchte Touristen- und Einkaufsstadt. Wie in so vielen Orten an der Mosel haben auch hier bereits Kelten und Römer gewohnt. Urkundlich erstmals 886 n. Chr. erwähnt, wurde mit dem Bau der Pfalzgrafenburg Anfang des 11. Jahrhunderts begonnen. 1151 fiel diese ans Reich und 1294 an Kurtrier. Schließlich wurde die Reichsburg von den Truppen Ludwigs XIV. zerstört. Der Berliner Kommerzienrat Ravené, ein Hugenotte, kaufte die Ruine kurz entschlossen und ließ sie in den Jahren 1872 bis 1877 fast stilecht rekonstruieren. Heute ist sie Eigentum der Stadt Cochem und Ziel vieler Touristen.

Im Stadtzentrum liegt die Alte Thorschenke, Hotel und Weinrestaurant der Freiherr von Landenberg´schen Schlosskellerei, ein historisch interessantes Gebäude aus dem 14. Jahrhundert. Die Innenräume, mit Antiquitäten ausgestattet, strahlen eine gemütliche Atmosphäre aus. Die Küche bietet unter anderem auch Spezialitäten von Fisch und Wild der Region, dazu erlesene Weine aus eigenem Anbau.

Wildterrine mit Weinbergpfirsich-konfitüre

	Schweinenetz, beim Metzger vorbestellen
25 g	getrocknete Morcheln
1	große Zwiebel
1	Knoblauchzehe
1 Stück	frische Ingwerwurzel von ca. 2,5 cm
600 g	gemischtes Wildfleisch
250 g	fetter Speck
1/2 TL	Thymian
1/2 TL	Rosmarin
je 1-2 Msp.	Paprika, Piment, Wacholder, abgeriebene Muskatnuss
20 g	Pistazienkerne
2	Eier, Salz
2-3 EL	Cognac oder Weinbrand
2 EL	Öl
25 g	Butter
4 Scheiben	dünner grüner Speck zum Abdecken
1 kg	Weinbergpfirsiche
400 g	Gelierzucker 2:1

1 Das Schweinenetz wässern, dicke Stellen entfernen, ohne das Netz zu zerstören. Eine Backform damit auslegen und großzügig an allen 4 Seiten überstehen lassen. Die Morcheln waschen und einweichen. Die Zwiebel und die Knoblauchzehe abziehen. Die Zwiebel hacken und die Knoblauchzehe zerdrücken. Die Ingwerwurzel schälen und reiben. Das Wildfleisch mit Speck, Gewürzen und Kräutern zweimal durch die feine Scheibe des Fleischwolfs drehen. Zwiebel, Pistazien und Eier sowie die ausgedrückten und gehackten Morcheln zufügen. Mit Salz abschmecken und mit Cognac oder Weinbrand verfeinern.

2 Das Öl in einer Pfanne erhitzen und die Butter zufügen. Die Hasenfilets darin scharf anbraten und sofort wieder aus der Pfanne nehmen. Die Wildfleischmasse etwa zur Hälfte in die Backform füllen, auch die Ecken gut ausfüllen. Dazu am besten die Form auf ein feuchtes Tuch stellen und fest aufschlagen. Die Filets auf die Wildfleischmasse geben, dabei sollten die stärkeren Enden des Filets nach außen zeigen. Die restliche Wildfleischmasse darauf verteilen und gut andrücken. Das überhängende Netz über die Masse schlagen, Überhänge können abgeschnitten und anderweitig verwendet werden. Mit dem grünen Speck bedecken.

3 Die Form in ein größeres, zu 1/3 mit Wasser gefülltes Gefäß stellen und bei 160° C ca. 1 Std. garen. Sollte die Oberfläche zu dunkel werden, mit Alufolie abdecken. Die Kerntemperatur sollte 75° C sein. Nach dem Herausnehmen aus dem Backofen die Form beschweren und unter Druck auskühlen lassen.

4 Inzwischen die Weinbergpfirsiche waschen, blanchieren und abschrecken. Die Haut abziehen und die Steine entfernen. Die Weinbergpfirsiche mit Gelierzucker pürieren und je nach Herstellerhinweis 3-4 Minuten kochen. Einen Teil der Weinbergpfirsichkonfitüre in ein Glas füllen und mit Schraubdeckel verschließen. Auf dem Kopf stehend abkühlen lassen.

5 Die Wildterrine aus der Form stürzen und in Scheiben schneiden. Auf einem großen Glasteller anrichten, mit Blattsalat garnieren und mit Weinbergpfirsichkonfitüre vollenden.

Flambierte Schweinefiletspitzen in marinierten Backpflaumen mit Kartoffelplätzchen

Für die Kartoffelplätzchen

500 g	Kartoffeln
50 g	Speck
1	kleine Zwiebel
1 Bd.	Schnittlauch
2-3	Eigelb
	Salz, Pfeffer
	abgeriebene Muskatnuss
	etwas Mehl zum Ausrollen der Kartoffelmasse
	Butter zum Braten

1 Die Kartoffeln waschen, in der Schale kochen und heiß durchpressen. Zwischenzeitlich den Speck klein schneiden. Die Zwiebel abziehen und würfeln. Den Speck in einer Pfanne auslassen und die Zwiebel darin anbraten. Den Schnittlauch waschen und in Röllchen schneiden. Die auf Handwärme abgekühlten Kartoffeln mit Eigelb, Zwiebel und Schnittlauch vermischen. Mit Salz, Pfeffer und abgeriebener Muskatnuss würzen.

2 Die Kartoffelmasse auf Mehl zu einer Rolle formen und Scheiben von ca. 1,5 cm schneiden. Der Durchmesser sollte etwa 4 cm betragen. Die Butter in einer Pfanne erhitzen und die Kartoffelplätzchen beidseitig leicht braten. Nicht zu viel Butter verwenden, da die Plätzchen sonst zerfallen könnten.

Für die flambierten Schweinefiletspitzen

125 g	Backpflaumen ohne Steine
100 ml	Rotwein von der Mosel
800 g	Schweinefiletspitzen
1	Zwiebel
3-4 El	Öl
ca. 50 ml	Trester
	Salz, frisch gem. Pfeffer

1 Die Backpflaumen am Vortag in dem Rotwein einweichen. Die Schweinefiletspitzen von Haut und Sehnen befreien und in Streifen schneiden. Die Zwiebel abziehen und in sehr dünne Ringe schneiden.

2 Das Öl in einer Pfanne erhitzen. Die Schweinefiletspitzen hineingeben, die Zwiebel zufügen und alles schnell anbraten. Mit dem Trester übergießen und flambieren. Die Backpflaumen zufügen, salzen und pfeffern. Die Fleischbrühe angießen. Butter und Mehl verkneten und hineingeben. 5-8 Minuten köcheln lassen und vom Herd nehmen.

Walnussparfait mit Karamelsauce

Für das Walnussparfait

50 g	Walnusskerne
2	Eigelb
60 g	Zucker
200 ml	Sahne
2 EL	Mandellikör

1 Die Walnusskerne hacken. 4 schöne halbierte Walnusskerne für die Garnitur zurückbehalten. Die 2 Eigelb und den Zucker über Wasserdampf cremig schlagen. Anschließend auf Eis kalt schlagen. Die Sahne steif schlagen. Mandellikör und Walnüsse zufügen.

2 Die 4 ganzen Walnusshälften in 4 kleine Förmchen verteilen und mit der Masse auffüllen. Im Gefrierfach in ca. 6 Stunden fest werden lassen.

Für die Karamelsauce

6-8 EL	Zucker
2–3 EL	Trester

1 Den Zucker karamellisieren lassen.
Mit ca. 125 ml heißem Wasser begießen und unter Rühren köcheln lassen, bis ein Sirup entsteht. Mit Trester ablöschen.

Tipp: Eventuell einige Tropfen Zitrone in das Wasser geben. Der karamellisierte Zucker löst sich dann besser.

Alte Thorschenke
Brückenstraße 3, D-56812 Cochem
Tel. 02671 7059, Fax 02671 4202
E-Mail: alte-thorschenke@t-online.de

Nach ausgedehnten Besichtigungen der Altstadt mit dem Enderttor von 1322, dem Marktplatz mit Brunnen, dem barocken Rathaus von 1737 und dem Kapuzinerkloster von 1623, kommt man auf der ansteigenden Obergasse in Richtung Balduinstor zum Hotel-Restaurant Lohspeicher. Das 1832 erbaute Gebäude diente bis zum Ende des 19. Jahrhunderts als Speicher für Lohe und Eichenrinde, die zur Gewinnung von Gerbsäure zur Lederverarbeitung benötigt wurde. In der stilvoll historischen Atmosphäre des Hotels kann man sich von Birgit und Ingo Beth mit Gerichten der gehobenen Regionalküche und gepflegten Weinen verwöhnen lassen.

Hotel-Restaurant Lohspeicher
Am Marktplatz – Obergasse 1
D-56812 Cochem
Tel. 02671 3976, Fax 02671 1772

Frischlingsrücken
mit schwarzen Walnüssen und Schwarzwurzeln in Spätburgundersauce

Für die Sauce

	Knochen und Parüren vom Wild
1	Zwiebel
je 1	Mohrrübe, 1 kl. Stange Lauch
60 g	Knollensellerie
	Erdnussöl
	Salz, schw. Pfeffer, Pimentkörner
	Kräuterbündel bestehend aus Rosmarin, Thymian, Lorbeer
1 EL	Tomatenmark
1 TL	Zucker
2 TL	Mehl
1/2 l	Spätburgunder Rotwein
je 2 TL	Honig und Rübenkraut
ca. 1 l	Wildfond
	Weinbrand nach Geschmack

Für die Walnusskruste

100 g	eingelegte schwarze Walnüsse
50 g	Walnusskerne
100 g	Butter
1	Eigelb
1 EL	Honig
60 g	Semmelbrösel
20 ml	Walnussgeist
600g	ausgelöster Frischlingsrücken mit Kotelettknochen
3-4 EL	Öl zum Braten

Für die Schwarzwurzeln

10 Stück	Schwarzwurzeln, Salz
20 g	Paniermehl
	Zucker, geklärte Butter

1 Für die Sauce die Knochen waschen. Die Zwiebel abziehen und würfeln. Das Gemüse waschen und klein schneiden. Das Öl in einem Topf erhitzen. Knochen und Parüren darin scharf anbraten. Die Zwiebel und das übrige Gemüse zufügen und weiterbraten. Salz, Pfeffer, Pimentkörner, Kräuterbündel, Tomatenmark zugeben und mitrösten. Mit Zucker und Mehl bestreuen und Spätburgunder ablöschen. Honig sowie Rübenkraut hinzugeben und den Wildfond angießen. Bei kleiner Hitze etwa 70 Min. köcheln lassen. Durch ein mit einem Tuch ausgelegtes Sieb passieren und mit Weinbrand, Salz und Pfeffer abschmecken.

2 Inzwischen die Walnusskruste zubereiten. Die schwarzen Walnüsse sowie die anderen Walnusskerne fein hacken. Die weiche Butter schaumig schlagen. Eigelb, Honig, Semmelbrösel und Walnussgeist zufügen. Mit Salz und Pfeffer würzen. Die Masse in Klarsichtfolie zu einer Rolle formen und kalt stellen.

3 Den Frischlingsrücken mit Salz und Pfeffer würzen. Den Backofen auf 100°C vorheizen. Das Öl in einem Bräter erhitzen und den Frischlingsrücken auf dem Herd von allen Seiten anbraten. In den Backofen stellen und ca. 30 Minuten garen. Die Gradzahl dann ein wenig erhöhen, die Walnussmasse darauf streichen und zurück in den Backofen stellen, bis das Fleisch eine Kerntemperatur von ca. 51° C erreicht hat.

4 Die Schwarzwurzeln schälen, in 8 cm lange Stücke schneiden und blanchieren. Herausnehmen, in Paniermehl wenden, salzen, zuckern und in der geklärten Butter goldgelb braten.

Schwarze Walnüsse

800-1000 g	grüne Walnüsse, im Juni, wenn sie noch klein sind, geerntet
800-1000 g	Zucker
200 ml	Apfelessig
150 ml	roter Balsamico-Essig
1	Vanilleschote
4	unbehandelte Zitronen
4	unbehandelte Orangen
5	Zimtstangen
5	Nelken
3	Sternanis
2	Lorbeerblätter
2 Msp.	abgeriebene Muskatnuss oder Muskatblüte (Macis)

1 Die grünen Nüsse waschen und mit einer Gabel mehrfach einstechen. In eine Schüssel mit kaltem Wasser legen. Sie sollten bedeckt sein, und das Wasser muss täglich, ungefähr 12-14 Tage lang, gewechselt werden.

2 Den Zucker in einen Topf geben und leicht karamellisieren. Mit den beiden Essigsorten und 200 ml Wasser ablöschen. So lange kochen, bis sich der Zucker völlig gelöst hat. Die Vanilleschote aufschneiden, das Mark auskratzen und in die Zuckerlösung geben. Die Zitronen- und Orangenschale abreiben und mit allen anderen Gewürzen hinzufügen.

3 Die Nüsse in eine Schüssel geben und mit dem heißen Zucker-Essigsud übergießen. Mit einem Gegenstand (z.B. einem Teller) beschweren und einen Tag bei Kellertemperatur stehen lassen. Nun den Sud abgießen, in einem Topf aufkochen und die Nüsse wieder zufügen. Je nach Größe der Nüsse 35-45 Minuten bei sehr mäßiger Temperatur kochen lassen.

4 Die Nüsse am besten in Marmeladengläser füllen, den Sud einkochen, über die Nüsse gießen und verschließen. Im Kühlschrank lagern und vor Gebrauch noch einige Wochen ruhen lassen.

Tipp: Die schwarzen Walnüsse sind köstlich und schmecken hervorragend mit Käse.Nach Belieben können sie auch in Strudelteig gewickelt und gebacken werden. Dazu pro Nuss zwei Blatt Strudelteig je etwa 18 x 18 cm ausrädeln. Die erste Teigschicht mit flüssiger Butter bestreichen. Die zweite Teigschicht darauf legen und ebenfalls mit Butter einstreichen. Die Nuss in die Mitte platzieren, alle Seitenteile zusammenfassen und zu einem Beutel zusammendrehen. Wer ganz sicher sein will, dass alles gut zusammenhält, kann den hauchdünnen Teig noch mit Eiweiß bestreichen und dann erst zusammendrehen. Mit flüssiger Butter bestreichen und im vorgeheizten Backofen bei 190° C Ober- und Unterhitze 12-15 Minuten backen.

Zum Aperitif ein beliebter Snack in unserem Hause.

Wer sich über gutes Essen und Trinken hinaus noch weiter verwöhnen lassen möchte, ist im Moselromantik-Hotel Panorama gut aufgehoben. Ruhe, Wellness-Angebote, Sole-Hallenbad, Sauna, Garten mit Liegewiese und eine vorzügliche Sehler Kastaniensuppe wurden uns hier angeboten.

Moselromantik Hotel Panorama
Inhaber Dieter Johann
Klostergartenstraße 40-44
D-56812 Cochem
Tel. 02671 914140, Fax 02671 9141414
E-Mail: MAIL@PANORAMA-HOTEL.DE

Sehler Kastaniensuppe
– frei nach Bürgermeister Stier

450 g	Esskastanien
4	kleine Schalotten
1-2	Mohrrüben
1	Stange Lauch
35 g	Butterschmalz
1 TL	braunen Rohrzucker
1/2-3/4 l	Gemüsebrühe
	Salz, frisch gem. Pfeffer
1/4 l	Sahne

1 Den Backofen auf 200° C vorheizen. Die Schale der Kastanien mit einem scharfen Messer kreuzweise einschneiden. Die Kastanien auf ein Blech streuen und in den Backofen geben. So lange darin belassen, bis sich die Schalen öffnen. Die Kastanien aus der ersten und zweiten Schale ausbrechen. Das geht am besten, wenn diese noch warm sind. Die Schalotten abziehen. Das Gemüse waschen und in Würfel, bzw. in Scheiben schneiden.

2 Butterschmalz erhitzen und das Gemüse andünsten. Nach ca. 2 Minuten den braunen Zucker zugeben und leicht karamellisieren lassen. Mit der Gemüsebrühe ablöschen, salzen und pfeffern. Die Kastanien zufügen und 20 Minuten ziehen lassen, bis sie weich sind. Die Suppe mit einem Stabmixer pürieren und mit der Sahne verfeinern, nicht mehr kochen lassen. Abschmecken und warm servieren!

Tipp: Nach Belieben können einige klein gehackte Walnüsse auf die Suppe gestreut werden.

Wer es ganz scharf liebt, sollte es nicht versäumen, der ***Historischen Senfmühle*** einen Besuch abzustatten. Sie liegt direkt neben der Moselbrücke am anderen Ufer.

Moselabwärts hinter Cochem folgt auf der linken Moselseite der kleine Weinort *Klotten*. In der den Ort überragenden Burgruine *Coraidelstein* aus dem 10. Jahrhundert schafft die Künstlerin ***Ayca Riedinger*** Glasurkeramiken, die durch ihre Form und Brillanz weltweit Anerkennung und Liebhaber gefunden haben. Kristallglasuren sind ein besonderes Glasurphänomen, das in der zeitgenössischen deutschen Keramik nur von wenigen Künstlern aufgegriffen und zur Meisterschaft geführt worden ist. Zu Recht gilt die Kristallglasur als eine der schwierigsten der keramischen Arbeiten.

Von *Cochem* aus lassen sich herrliche Wanderungen unternehmen. Der Pinnerberg, so benannt nach dem dort abgestürzten Schäfer, kann auch mit der Sesselbahn „erklommen" werden. Von dort bietet sich eine schöne Aussicht auf Cochem mit der Reichsburg und über das weite Moseltal. Ein Fußweg führt von hier zum nahe gelegenen Wildpark Klotten. Interessant ist auch eine Wanderung durch das Enderttal hinauf zu Ruine Winneburg. Auf dem Rückweg bietet sich das idyllisch gelegene Restaurant Weißmühle zum Rasten an.

Brennerei Hubertus Vallendar
Hauptstraße 11, D-56829 Kail
Tel. 02672 913552, Fax 02672 913554
E-Mail: info@vallendar.de
Vertrieb/Marketing:
Aurélie Vallendar-Schweinfest

Der Name des nächsten Ortes, *Pommern*, von pomaria (Obstgarten), verweist darauf, dass die Römer hier neben Wein auch Obst angebaut haben, denn Tradition verpflichtet. So wird heute im nahe gelegenen *Kail* Obst veredelt. Ein hervorragender Williamsbrand kommt aus diesem Ort, genauer gesagt aus der Brennerei Hubertus Vallendar. Bei der vom Magazin „Der Feinschmecker" ausgeschriebenen Verkostung wurden die Brände namhafter Erzeuger Europas getestet. Hubertus Vallendar war dabei, sein Name ist in Fach- und Kennerkreisen ein Begriff. 1984 übernahm er die elterliche Brennerei. Inzwischen destilliert er über zwanzig Obstsorten: Früchte von Streuwiesen, Mirabellen aus Lothringen oder Williamsbirnen von der Rhône, um nur einige zu nennen. Nur beste Qualität kommt als Grundlage in Frage. Das Projekt „Roter Weinbergpfirsich" verzeichnet beste Erfolge. Der Brand dieser kleinen, überaus aromatischen Früchte ist für die Terrassenmosel geschützt.

Hierzu ein Rezept des Weltmeisters der Konditoren ***Bernd Siefert*** aus Michelstadt, das mit einem Haselnussbrand von Hubertus Vallendar aus Kail veredelt wurde.

Weiße Haselnuss-Buttertrüffel

275 g	weiße Schokolade
100 g	Butter
100 g	Fondant
50-75 ml	Haselnussbrand

zum Überziehen

etwa 250 g weiße Schokolade

1 Die weiße Schokolade im Wasserbad verflüssigen.

2 Butter und Fondant schaumig rühren. Je nach Geschmack und Wunsch mit Haselnussbrand aromatisieren. Die weiße Schokolade zufügen. Sobald die Masse glatt ist, diese mit Hilfe einer Spritztülle auf Backpapier dressieren. Zu kleinen Kugeln formen und in den Kühlschrank stellen, damit sie fest werden.

3 Mit der weißen Schokolade überziehen und auf einem Gitter trocknen lassen, dabei ergeben sich die typischen Wellenlinien der Trüffel.

Viele Zeugnisse aus keltischer und römischer Zeit sind in *Pommern* gefunden worden, so auch der Gedenkstein an den Griechen Tychikos, der durch Wein von schwerer Krankheit geheilt wurde. Im Weingut Josefshof kann man die Arbeit des Weinbauern praktisch kennenlernen. Hier heißt es: „Gäste pflanzen einen Wingert". Nach harter Arbeit kann man den Tag beim Verkosten des Weins und moseltypischer Gerichte fröhlich ausklingen lassen.
Wer neugierig einen Gang in die Vergangenheit machen möchte, dem sei eine Wanderung zwischen Pommern und Karden empfohlen. Auf dem einsamen Plateau des Martbergs, etwa zweihundert Meter über der Mosel, stehen die rekonstruierten Tempel zu Ehren des Mars Lenus. Lange vor der römischen Besiedlung der Mosel hatten hier die Kelten eine Höhensiedlung errichtet. Die zentrale Kultstätte wurde von den Römern übernommen und weiter ausgebaut. Archäologische Funde der Ausgrabungen sind im Stiftsmuseum in *Karden* zu bewundern.

Treis auf der Hunsrückseite kann gleich mit zwei Burgen aufwarten: Burg Treis aus dem 11. Jahrhundert steht nur noch als Ruine, die Wildburg dagegen ist in Privatbesitz und bewohnt. Treis ist seit 1969 mit *Karden* zu einem Gemeindeort vereint. Durch eine Brücke sind beide seit 1929 verbunden. Karden liegt an der Eisenbahnstrecke Koblenz – Trier. Der Bahnhof ist ein schönes Beispiel des Jugendstils. Die Stiftskirche St. Castor, der Kardener Dom aus dem 12. Jahrhundert, birgt einen sehenswerten gotischen Hochaltar mit der „Anbetung der Heiligen Drei Könige" in Terrakotta von 1430. Die älteste erhaltene Großorgel der Familie Stumm von 1728 sorgt immer wieder für unvergessliche Orgelkonzerte. Das imposante Haus an der Moselfront aus dem Jahre 1562 diente als Wohnheim des Kurtrierischen Schultheiß Simon Broy. Heute ist es in Privatbesitz und immer noch bewohnt.
Aus dem Weinort *Müden* stammt die Familie des Koblenzer Publizisten und Gelehrten Joseph Görres. Der Ort ist geschmückt mit sehenswerten Fachwerkhäusern sowie dem Halfenhaus, das früher ein Rasthaus für Moselschiffer war. Bei der großen Staustufe mit Aussichtsplattform betreibt Christoph Barden eine Aal- und Forel-

lenräucherei. Wer für einen Wandertag Verpflegung braucht oder bei einem Grillabend bei Familie oder Freunden etwas Zünftiges zum Wein bieten möchte, der ist hier gut beraten.
Von dem schönen Weinort *Moselkern*, der ebenfalls alte Fachwerkhäuser und die Valeriuskirche mit ihrem romanischen Turm sowie dem bemerkenswerten Merowingerkreuz aus dem 7. Jahrhundert zu bieten hat, führt ein reizvoller Wanderweg durch das Eltzbachtal zur Burg Eltz. Im 10. Jahrhundert erbaut, wurde sie 1268 unter den drei Linien des Grafen Eltz aufgeteilt. Jede Linie errichtete ihr eigenes Burghaus. Seit dieser Zeit ist die Burg immer bewohnt geblieben und wurde nie zerstört. Sie gilt als Idealbild deutscher Burgromantik. An der Untermosel setzt sich die Reihe der Burgen fort. Die 1270 von Kurtrier erbaute Burg Bischofstein mit dem markanten weißen Ring am runden Bergfried beherbergt heute ein Landschulheim. Von der gegenüberliegenden Moselseite grüßt die Mitte des 12. Jahrhunderts errichtete Ehrenburg mit ihren markanten Doppeltürmen herüber. Mit der Autofähre kann man nach *Burgen* an der Baybachmündung übersetzen, von wo aus sich herrliche Wanderwege erschließen. Das idyllische Baybachtal mit vielen Wassermühlen, von denen einige zu gemütlichen Gaststätten umfunktioniert wurden, ist ein guter Tipp. Von *Brodenbach* kann man durch das wildromantische Ehrbachtal die Ehrenburg erwandern. Hier finden in den Sommermonaten regelmäßige Burgfestspiele mit Ritterturnieren statt, die nicht nur Kinder begeistern. In der imposanten Burgruine kann man wie ein Ritter oder Burgherr übernachten. Der Bootshafen von Brodenbach lockt viele Wassersportler an.

Im Weindorf *Hatzenport* beeindruckt der alte Fährturm. Auf sonnigen Terrassen entlang des Ufers kann man bei einem Gläschen Moselwein den vorbeifahrenden Schiffen nachschauen. Straußwirtschaften haben eine lange Tradition. Seit der Regierungszeit Karls des Großen dürfen Winzer für eine bestimmte Zeit des Jahres ihren selbst erzeugten Wein ausschenken. Diese besondere Zeit wird jeweils durch einen geschmückten Strauß, Besen oder Kranz angezeigt.

Der Winzerhof Gietzen hat in seinem idyllischen, wild romantischen Hof die Erlaubnis. Maria und Albrecht Gietzen sind außerdem Mitglied der Initiative „Urlaub auf Winzer- und Bauernhöfen".

Winzerhof Gietzen
Moselstraße 52
D-56332 Hatzenport
Tel. 02605 952371

Kürbis-Steinpilzsuppe

15 g	getrocknete Steinpilze
650 g	Kürbisfleisch, nach dem Putzen ca. 500 g
1	Zwiebel
1	Kartoffel
200 g	frische Steinpilze
einige	Zweige glatte Petersilie
3 EL	Sonnenblumenöl
80 g	Butter
1 EL	Mehl
900-1000 ml	Gemüsebrühe
	Salz, frisch gem. Pfeffer
	abgeriebene Muskatnuss
2-3 EL	Schmant

1 Die Steinpilze mit 100 ml heißem Wasser übergießen. Das Kürbisfleisch von Fasern und Kernen befreien und in kleine Stücke schneiden. Die Zwiebel abziehen und hacken. Die Kartoffel waschen, schälen und würfeln. Die Steinpilze putzen und in Stücke schneiden. Die Petersilie waschen, trocken tupfen, die Blättchen von den Stielen zupfen und hacken.

2 Das Sonnenblumenöl in einem Topf erhitzen. 20 g Butter zufügen. Die Zwiebel andünsten. Nach einigen Minuten das Kürbisfleisch und die Kartoffel zugeben, weiterdünsten und mit dem Mehl bestäuben. Nach 2 – 3 Minuten mit der Gemüsebrühe ablöschen und mit Salz, Pfeffer und Muskatnuss würzen. Abgedeckt ca. 15 Minuten kochen lassen. Pürieren, mit Schmant verfeinern und abschmecken.

3 Die restliche Butter in einer Pfanne erhitzen und die frischen Steinpilze darin etwa 5 Minuten schwenken. Mit der Petersilie mischen und auf die Suppe geben.

Über dem Ort liegt inmitten der Weingärten die spätgotische Johanneskirche. Eine Straße führt von hier aus in das von Vulkan- und Lösböden bedeckte fruchtbare Hochland Maifeld. Mai ist das keltische Wort für Feld. Die Doppelung des Namens ist also durch die exzellente Bodenqualität gerechtfertigt. Nach den Kelten kamen die Römer und gründeten das Castell ambiativum, in dem Kaiser Caligula geboren sein soll. Das Münster, dem der heutige Ort *Münstermaifeld* seinen Namen verdankt, wirkt wie eine Burg Gottes. Sehenswert ist der berühmte Goldaltar, geschaffen Anfang des 16. Jahrhunderts von einem unbekannten Antwerpener Meister.

Diese wunderbare Gegend kann entlang vieler Wasserwege erobert werden. So lässt sich auch die Mosel vom Wasser aus genießen. Vor Hatzenport liegt auf einer Insel ein ausgedehnter Campingplatz mit einem Sportboothafen, der über einen Damm zu erreichen ist.

Von *Löf* führt eine Brücke über die Mosel zum malerischen Weinort *Alken*, der am Hang des Hunsrücks gelegen ist. Im Mittelalter besaß Alken Stadtrechte. Von seiner Wehrhaftigkeit zeugen heute noch Reste der Ringmauer wie die Faller Port, der dicke Rundturm am Ufer sowie Teile des Bachturms.

Turm-Gasthaus Burg Thurant
Inhaber Peter Kopowski, Moselstraße 15
D-56332 Alken,
Tel. 02605 3581, Fax 02605 2152
E-Mail: peterkopowski@aol.com

Von hier haben wir folgende Rezepte für Sie mitgebracht:

Amuse gueule
(frz. für Kleinigkeit, Appetithappen)

Ratatouille mit Flusskrebsen

50 g	rote, grüne und gelbe Paprikaschote
20 g	Zucchini
1/2	Knoblauchzehe
2 EL	Olivenöl
	Salz, frisch gem. Pfeffer
1 Msp.	Zucker
1 EL	gehackte Gartenkräuter
4-8	küchenfertige, gegarte Flusskrebsschwänze
	etwas Dill

1 Das Gemüse waschen und in kleine Stücke schneiden. Die Knoblauchzehe abziehen und zerdrücken.

2 Das Olivenöl in einer Pfanne erhitzen. Zuerst die Paprikaschote anbraten, dann Zucchini und Knoblauch zufügen. Mit Salz, Pfeffer und Zucker würzen. Abgedeckt bei schwacher Hitze 10 Minuten garen.

3 Vor dem Anrichten die Kräuter unterheben und abschmecken. Auf einem Gourmet- oder Kaffeelöffel anrichten und mit Flusskrebsschwänzen und Dill garnieren.

Hunsrücker Schinkenbissen

4	Scheiben milden rohen Schinken aus dem Hunsrück
4	Radieschen
1 EL	Meerrettich mit Sahne (Glas)
	Salz, frisch gem. Pfeffer
4	Schnittlauchhalme

1 Den Schinken so zurecht schneiden, dass er nachher gut auf den Löffel passt. Die Radieschen waschen und fein würfeln. Radieschen und Meerrettich verrühren, wenig salzen und pfeffern.

2 Die Masse in den Schinken einrollen, auf Gourmet- oder Kaffeelöffel anrichten und mit einem Schnittlauchhalm garnieren.

Tipp: Anstelle des Löffels kann man auch ein kleines Chicoréeblatt nehmen.

Maifelder Entenbrust mit Brombeerjus

4	Entenbrüste mit Knochen
2	Mohrrüben
50 g	Knollensellerie
1/2	Lauchstange
1	Zwiebel
1	Knoblauchzehe
2 EL	Öl
1 EL	Tomatenmark
1 TL	Wacholderbeeren
1	Lorbeerblatt
1	Nelke
1 TL	Pfefferkörner, Salz

Für die Entenbrüste

2 EL	Öl
	Salz, schwarzer Pfeffer
125 g	Brombeeren
200 ml	trockener Mosel-Riesling
1 EL	Weinbrand oder Cognac
1 EL	Brombeergeist
1 EL	Butter
	für die Garnierung einige Wildkräuter wie Weinraute, Kapuzinerblüte oder Melisse

1 Die Entenbrüste auslösen. Für den Fond die Knochen der Entenbrüste hacken. Das Gemüse waschen. Das Gemüse in kleine Stücke oder Scheiben schneiden. Die Zwiebel und die Knoblauchzehe abziehen. Die Zwiebel würfeln und die Knoblauchzehe zerdrücken. Das Öl in einem Topf erhitzen. Die Knochen darin scharf anbraten. Das Gemüse zufügen und kurz weiter braten. Tomatenmark, Knoblauch und Gewürze sowie Salz zufügen, die Hitze reduzieren und mit 1 Liter Wasser ablöschen. Abgedeckt 1 Stunde köcheln lassen. Durch ein Sieb passieren und auf die Hälfte einkochen.

2 Den Backofen auf 220° C vorheizen. Das Öl in einer Pfanne erhitzen, die Entenbrüste auf beiden Seiten kurz und kräftig anbraten, salzen, pfeffern und mit der Hautseite nach unten für ca. 8 Minuten in den Backofen geben. Die Entenbrust sollte innen noch rosa sein. Zwischenzeitlich die Brombeeren waschen, pürieren und durch ein Sieb passieren, 8 Brombeeren für die Garnierung zurücklegen.

3 Die Entenbrüste aus dem Backofen nehmen und warm halten. Den Bratensatz mit Riesling ablöschen. Entenfond und Brombeerpüree zugeben. Die Sauce mit Weinbrand und Brombeergeist verfeinern, abschmecken und die kalte Butter unterschlagen.

4 Zum Anrichten der Sauce einen Spiegel auf vorgewärmte Teller gießen. Die Entenbrüste in Scheiben darauf platzieren. Mit Wildkräutern und Brombeeren garnieren.

Tipp: Gemüse der Saison und gebratene Kartoffelwürfel mit Majoran sind eine gute Ergänzung.
Sollten Sie keine Entenbrüste mit Knochen kaufen können, so verwenden Sie für den Fond andere Wild- oder Geflügelknochen.

Mit einem *Winninger Domgarten* Spätburgunder Rotwein, trocken, servieren.
Auch ein Spätburgunder Weißherbst, feinherb, der frisch und aromatisch ist, wäre eine Alternative.

Kartoffelpudding mit Himbeersauce und Crème fraîche

500 g	Kartoffeln
125 g	Butter
8	Eier
80 g	Semmelbrösel
40 g	gemahlene Mandeln
20 ml	Mandellikör, z.B. Amaretto
10 ml	Rum
1 EL	unbehandelte Zitronenschale
1 TL	Zimtpulver
2 Msp.	Salz
150 g	Zucker
	Butter und Kokosraspel zum Einfetten und Ausstreuen der Form
150 ml	Himbeersauce
200 g	Crème fraîche
	Puderzucker

1 Die Kartoffeln waschen und in der Schale im Backofen backen. Am nächsten Tag pellen und nicht zu fein reiben. Die weiche Butter schaumig rühren. Die Eier trennen. Die 8 Eigelb zufügen und mit Semmelbrösel, Mandeln, Mandellikör, Rum, Zitronenschale, Zimt und Salz unter die Kartoffelmasse rühren.

2 Den Backofen auf 170° C vorheizen. Die Puddingform mit Butter einfetten und mit Kokosraspeln bestreuen. Die Eiweiße mit Zucker cremig schlagen und unter die Kartoffelmasse heben. In die vorbereite Form füllen, aber nur bis etwa zu Dreiviertel. Die Form verschließen. In eine Form mit heißem Wasser stellen und im Backofen etwa 2 Stunden garen. Während dieser Zeit sollte das Wasser niemals kochen, sondern nur sieden. Den Kartoffelpudding heiß stürzen.

3 Himbeersauce und Crème fraîche getrennt aufschlagen. Die Himbeersauce auf der einen Seite, Crème fraîche auf der anderen Seite auf einen Teller geben. Die beiden Saucen ineinander ziehen und den in Scheiben geschnittenen Kartoffelpudding darauf geben. Mit Puderzucker bestreuen.

Viele Fachwerk-Weinhöfe zieren den alten Teil Alkens. Außerhalb, etwas erhöht am Hang, liegt die romanische Dorfkapelle St. Michael mit Fresken aus dem 13. und 15. Jahrhundert. Die Doppelburg Thurant beherrscht alles überragend das Moseltal.

Die am Moselufer lang gestreckten Weinorte *Oberfell* und *Niederfell* besitzen gut erhaltene Fachwerkhäuser und sind bevorzugte Ausgangspunkte für Kurzwanderungen in die Niederfeller Schweiz und zur Ruine der frühgotischen Wallfahrtskirche auf dem Bleidenberg. Bei dieser Wanderung erlebt man eine Zeitreise der Menschheits- und Siedlungsgeschichte von der Vor- und Frühzeit des Homo erectus über die befestigte keltische Höhensiedlung mit interessanten Thementafeln sowie der Rekonstruktion einer keltischen Pfostenschlitzmauer, die einst den ganzen Bleidenberg umfasste. Der Name rührt von den Schleudermaschinen her, die vom Plateau dieses Berges 1248 die gegenüberliegende Burg Thurant beschossen haben sollen. Vom Bleidenberg bietet sich eine schöne Aussicht auf Alken und das Moseltal mit den Eifelhöhen.

Der Wein- und Obstanbauort *Dieblich* war im Mittelalter von einer Ringmauer umschlossen. Bis heute erhalten geblieben sind nur die Heesenburg der Herren von Arken sowie der Pfarrhof der Zandt von Merl.

Ein schöner Wanderweg führt hinter Dieblich durch das Kondertal hinauf zum Koblenzer Stadtwald. Dieses Tal hatte in der Antike bis zum Mittelalter eine strategische Bedeutung. Schon die Römer errichteten auf dem Burgberg eine Höhenbefestigung zum Schutz ihrer Fernstraße vom Hunsrück über eine Furt der Mosel in die Eifel. Später wurde auf dem Berg eine wehrhafte Burg erbaut. Sie sollte den Silbererzabbau in den Stollen des Kondertals schützen. In den Fels gehauene Treppenstufen, Grundmauern und Relikte dieser Zeit geben noch heute Zeugnis davon. Wer sich nach einer ausgedehnten Wanderung kulinarisch verwöhnen lassen möchte, sollte in die Halferschenke gehen. Das Bruchsteinhaus wurde 1832 erbaut und diente in der Vergangenheit als Rasthaus für Moselschiffer und Treidelleute, die mit Hilfe ihrer Zugpferde die Schiffe den Fluss hinaufzogen. Inhaber Eva und Thomas Balmes haben ein Landgasthaus mit besonderem Ambiente geschaffen. Das Restaurant, Gesellschaftsräume und der hübsche Hofgarten versprechen gemütliche Stunden mit Besonderheiten für Zunge und Gaumen sowie herausragenden Weinen der Moselregion, aber auch aus anderen Weinanbauländern.

Suppe von Moselzander und Flusskrebsen
mit Spitzkohl und dicken Bohnen

3	weiße Zwiebeln
200 g	Spitzkohl
150 g	dicke Bohnen
1 kl. Bd.	Petersilie
250 g	Zanderfilet
1/2	Zitrone
50 g	Butter
	Salz, frisch gem. weißer Pfeffer
1 TL	Paprikapulver, edelsüß
200 ml	Gemüsefond
300 ml	Fischfond
200 ml	halbtrockener Mosel-Riesling
150 g	Kartoffel, etwa 1 große
60 ml	Sahne
100 g	Flusskrebsfleisch
1-2 EL	Mosel-Trester nach Belieben

1 Die Zwiebeln abziehen und hacken. Den Spitzkohl waschen, putzen und würfeln. Die dicken Bohnen enthülsen. Die Petersilie waschen, trocken tupfen, die Blättchen von den Stielen zupfen und hacken. Das Zanderfilet in gleichmäßig kleine Würfel schneiden, mit Zitronensaft beträufeln und salzen.

2 Die Butter in einem Topf erhitzen. Zwiebeln, Spitzkohl und dicke Bohnen zufügen, mit Salz und Pfeffer würzen. 3-4 Minuten bei kleiner Hitze glasig werden lassen. Mit Paprikapulver würzen. Gemüsefond, Fischfond und Riesling angießen. Die Kartoffel schälen, reiben und zufügen. Bei kleiner Hitze 20 Minuten kochen.

3 Die Sahne mit einem Schneebesen unterrühren. Das Zanderfilet und das Flusskrebsfleisch in die Suppe geben, 1 Minute ziehen lassen. Gut abschmecken, nach Belieben mit Mosel-Trester verfeinern und der Petersilie bestreuen.

Eifeler Lammragout

600 g	Lammfleisch ohne Knochen, Schulter oder Keule
50 g	durchwachsener Speck
1	große Zwiebel
2	Knoblauchzehen
5 EL	Olivenöl
	Salz, frisch gem. Pfeffer
1 EL	Mehl
250 ml	Fleischbrühe
125 ml	Rotwein
1 Msp.	Zimt
2 EL	Tomatenmark

1 Das Lammfleisch in etwa 3 cm große Würfel schneiden. Den durchwachsenen Speck sehr klein würfeln. Die Zwiebel und die Knoblauchzehen abziehen. Die Zwiebel hacken und den Knoblauch zerdrücken.

2 Das Olivenöl in einem Schmortopf erhitzen. Zuerst den Speck, dann Zwiebeln und Knoblauch zugeben, unter Rühren anbraten. Das Lammfleisch portionsweise zugeben, anbraten, salzen und pfeffern. Mit Mehl bestäuben und etwas Farbe annehmen lassen. Mit der Fleischbrühe ablöschen, gut durchrühren und zugedeckt 1 Stunde sanft schmoren lassen. Nach etwa 30 Minuten Garzeit den Rotwein angießen und mit Zimt würzen. Das Tomatenmark einrühren und fertig schmoren. In den letzten Minuten evtl. den Deckel vom Topf nehmen. Nochmals mit Salz und Pfeffer gut abschmecken.

Restaurant Halferschenke

Hauptstraße 63
D- 56332 Dieblich
Tel. 02607 1008 + 1009
Fax 02607 960294
E-Mail: info@halferschenke.de

Traubenlikörparfait

6	Bio-Eigelb, sehr frisch
110 g	Zucker
3	Eiweiße
250 ml	Sahne
3 EL	Traubenlikör
1-2 EL	Tresterbrand
	Minze oder Zitronenmelisse
	frische Früchte der Jahreszeit, besonders auch Trauben
	Puderzucker

1 Die 6 Eigelb mit 35 g Zucker cremig schlagen. Das Eiweiß mit dem restlichen Zucker zu Eischnee schlagen. Die Sahne steif schlagen. 3 Esslöffel der schaumigen Eigelbmasse vorsichtig in den Eischnee rühren. Traubenlikör und Trester langsam unterrühren. Zunächst restliche Eigelbmasse, dann die Sahne unterziehen. Sofort in Tassen oder Förmchen füllen und mindestens 12 Stunden einfrieren.

2 Die Tassen aus dem Gefrierfach nehmen, kurz in warmes Wasser tauchen. Das Parfait auf Teller stürzen. Mit Minze oder Zitronenmelisse und frischen Früchten dekorieren. Mit Puderzucker bestäuben.

Eva und *Thomas Balmes* sind Mitglieder der Arbeitsgemeinschaft Köche und Winzer an der Terrassenmosel, die sich die Aufgabe gestellt hat, dieser Moselregion durch herausragende Akzente im kulinarischen, kulturellen und künstlerischen Bereich zu besonderer Anziehungskraft zu verhelfen.

Hier ein Überblick über die Mitglieder der Arbeitsgemeinschaft ***„Köche und Winzer an der Terrassenmosel“***:

Lubentiushof
Weingut Andreas Barth, Kehrstraße 16
D-56332 Niederfell, Tel. 02607 8135

Weingut Clemens Busch
Kirchstraße 37, D-56862 Pünderich
Tel. 06542 22180

Sektkellerei und Weingut von Canal
Wolfgang von Canal, Graf-Sponheim-Straße 10
D-56333 Winningen, Tel. 02606 2110

Weingut Reinhold Franzen
Inh. Ulrich Franzen, Gartenstraße 14
D-56814 Bremm, Tel. 02675 412

Weingut Freiherr von Heddesdorff
Andreas von Canal, Am Moselufer 10
D-56333 Winningen, Tel. 02606 962033

Weingut Reinhard und Beate Knebel
August-Horch-Straße 24
D-56333 Winningen, Tel. 02606 2631

Weingut Freiherr von Schleinitz
Familie Hähn, Kirchstraße 15-17
D-56330 Kobern-Gondorf, Tel. 02607 972020

Weingut Schneiders-Moritz
Zehnthofstraße 8, D-56829 Pommern
Tel. 02672 93660

Gasthaus Burg Thurant
Peter Kopowski, Moselstraße 15
D-56332 Alken, Tel. 02605 3581

Restaurant Halferschenke
Familie Balmes, Hauptstraße 63
D-56332 Dieblich, Tel. 02607 1008 + 1009

Gutsschänke Schaaf
Fährstraße 6, D-56333 Winningen
Tel. 02606 597

Hotel-Restaurant Moselblick
An der B 416, D-56333 Winningen
Tel. 02606 920810

Moselromantik-Hotel „Zum Löwen"
Moselweinstraße 23, D-56814 Ediger-Eller
Tel. 02675 208

Restaurant Marais, Jean-Pierre Marais
Schloss Liebieg, Römerstraße 52
D-56330 Kobern-Gondorf,
Tel. 02607 974400 + 8611

Hotel-Restaurant Pistono
Hauptstraße 30, D-56332 Dieblich
Tel. 02607 218

Schloss-Hotel Petry
Familie Vogel-Bell, St. Castorstraße 80
D-56253 Treis-Karden, Tel. 02672 9340

Von Niederfell gelangt man über die Moselbrücke zu dem Doppelort *Kobern-Gondorf*. Gondorf wurde schon 562 n. Chr. vom Dichter Vinantus Fortunatus in seinem Moselgedicht genannt. Der Stammsitz der Fürsten von der Leyen und gleichzeitig eine der wenigen Wasserburgen an der Mosel wurde im 12. Jahrhundert in Gondorf auf Felsen gebaut, wo die Burg von der Mosel und dem Nothebach umflossen wird. Leider mussten wegen der Enge des Tals zwei Tore durch die historischen Gebäude gebrochen werden, um Eisenbahn und Straße hindurch zu führen. Nicht weit entfernt liegt die Gondorfer Niederburg mit dem fünfgeschossigen Turmhaus aus dem 13. Jahrhundert, dem ehemaligen Sitz der Barone von Liebieg. Das Schloss wurde Mitte des 19. Jahrhunderts im neoromanischen Stil ausgebaut. Der Spiegelsaal verleiht besonderen Veranstaltungen wie Konzerten, Ausstellungen und Familienfeiern ein besonders festliches Ambiente. Das Restaurant ist in einem Teil des Schlosses untergebracht.

Restaurant Marais
Jean-Pierre & Elfie Marais
Schloss Liebieg, Römerstraße 52
D-56330 Kobern-Gondorf
Tel. 02607 974400 + 8611
Fax 02607 961807
E-Mail: jp@jp-marais.de
Internet: www.jp-marais.de

Jean-Pierre Marais, ein Kochkünstler, der Sie mit exquisiten Kreationen verwöhnt, gibt auch qualifizierte Kochkurse. Hier einige erlesene Rezepte aus seinem Repertoir:

Ein junger Falter
trocknet die feuchten Flügel
in der Mittagsglut

Nudeltaschen mit Steinpilzen und Kräutersauce

Für 6 Portionen

Für den Nudelteig

200 g	Mehl
1	Ei
	Salz

Für die Füllung

400g	Steinpilze
1	kleine Zwiebel
	Öl
	Salz, frisch gem. Pfeffer
50 g	gekochte Schinkenwürfel

Für die Kräutersauce

1 Bd.	gemischte Kräuter
400 ml	Sahne
	Salz, frisch gem. Pfeffer

1 Aus den Teigzutaten mit 70 ml Wasser einen glatten Teig kneten und mindestens 1 Stunde ruhen lassen.

2 Die Steinpilze putzen und in Würfel schneiden. Die Zwiebel abziehen und hacken. Das Öl in einer Pfanne erhitzen und die Zwiebel darin andünsten. Die Steinpilze zugeben. Mit Salz und Pfeffer würzen, 3-4 Minuten dünsten und die Schinkenwürfel zufügen.

3 Den Nudelteig ausrollen. Mit einem runden Ausstecher, ersatzweise kann man auch ein Glas verwenden, Kreise von 10 cm Durchmesser ausstechen. Einen kleinen Löffel mit Füllmasse darauf geben, die Teigränder mit Wasser anfeuchten und zusammenschlagen, gut andrücken. Wasser zum Kochen bringen, salzen und die Nudeltaschen 5-6 Minuten darin leicht kochen lassen.

4 Die Kräuter waschen, trocken tupfen, die Blättchen von den Stielen zupfen und hacken. Die Sahne aufkochen und ca. 10 Minuten köcheln lassen, Mit Salz und Pfeffer würzen und vom Herd nehmen. Die Kräuter und die Nudeltaschen zufügen, kurz darin schwenken und anrichten.

Wildkaninchenkeulen mit Orangen und Rotwein mariniert

Für 6 Portionen

6	Wildkaninchenkeulen

Für die Marinade

150 g	Möhren
1	Zwiebel
4	unbehandelte Orangen
2	Lorbeerblätter
1 TL	schwarze Pfefferkörner
3	Gewürznelken
4	Zimtstangen
1	Flasche Rotwein, 0,75 Liter
4-5 EL	Öl
1 EL	Mehl
	Salz, frisch gem. Pfeffer
1/4 l	Sahne
2-3 EL	Cognac
2-3 EL	Orangenlikör wie Cointreau

1 Zunächst für die Marinade die Möhren schaben und in Scheiben schneiden. Die Zwiebel abziehen und würfeln. Die Orangen heiß abwaschen, von zweien die Schale abreiben, die restlichen Orangen in Scheiben schneiden. Sämtliche Zutaten für die Marinade in eine große Schüssel geben, den Rotwein angießen und die Kaninchenkeulen hineinlegen. Abgedeckt und kühl 24 Stunden marinieren.

2 Das Fleisch aus der Marinade nehmen, trocken tupfen und die Marinade durch ein Sieb gießen. Das Öl in einem Brattopf erhitzen. Die Wildkaninchenkeulen darin anbraten. Die Möhrenscheiben und Zwiebelwürfel aus der Marinade zugeben. Mit Mehl bestäuben und die Marinade ohne Gewürze und ohne Orangenscheiben zugeben, salzen und pfeffern. Ca. 90 Minuten köcheln lassen.

3 Das Fleisch aus der Sauce nehmen. Die Sauce passieren, die Sahne zufügen und reduzieren lassen. Mit Salz, Pfeffer, Cognac und Orangenlikör gut abschmecken.

Pommes Duchesse

600 g	Kartoffeln
ca. 40 g	Butter

1 Die Kartoffeln waschen, schälen, kochen, abgießen und auf der Herdplatte ausdampfen lassen. Durch die Presse drücken, die Butter unterrühren.

2 Den Backofen auf 200° C vorheizen. Die Masse in einen Spritzbeutel füllen. Rosetten auf ein Blech spritzen und ca. 20 Minuten backen.

Rosencreme mit Erdbeeren auf Biskuit

Für 6 Portionen

Für die Rosencreme

5 Blatt	weiße Gelatine
250 g	Rosengelee
2-3 EL	Grenadinesirup
Saft 1/2	Zitrone
1/2 l	Sahne
20 ml	Kirschwasser
	etwas Rosenwasser

Für die Biskuitmasse

8	Eier
100 g	Zucker
80 g	Mehl
20 g	Speisestärke
	Backpapier und etwas Zucker
500 g	Erdbeeren
4-5 EL	Orangenlikör wie Grand Marnier oder Cointreau
etwa 30 g	Puderzucker

1 Den Backofen auf 240° C vorheizen. Ein Backblech mit Backpapier auslegen. Für den Biskuit die Eier trennen, 8 Eigelb mit der Hälfte des Zuckers schaumig rühren, die Eiweiße zu steifem Schnee schlagen und den restlichen Zucker einrieseln lassen. Den Eischnee auf die Eigelbmasse geben, Mehl und Speisestärke darübersieben und vorsichtig unter die Eigelbmasse heben. Die Biskuitmasse gleichmäßig auf das vorbereitete Backpapier streichen. Im Backofen ca. 5 Minuten backen. Die Teigplatte auf ein mit Zucker ausgestreutes Küchentuch stürzen. Nach dem Abkühlen ausstechen.

2 Die Gelatine in kaltem Wasser einweichen. Rosengelee, Grenadinesirup und Zitronensaft erhitzen und vom Herd nehmen. Die Gelatine ausdrücken und in die warme Masse geben. Die Sahne steif schlagen. Kirschwasser und 1/3 der Sahne zugeben und unterrühren. Mit Rosenwasser abschmecken und die restliche Sahne unterheben.

3 Kleine Ringförmchen um den Biskuit legen, die Rosencreme hineinfüllen und kalt stellen.

4 Die Erdbeeren waschen, trocken tupfen, vierteln, in Grand Marnier und Puderzucker marinieren. Die Rosencreme auf Biskuit mit den marinierten Erdbeeren anrichten.

Im Park wurden Reste einer römischen Villa sowie ein römisches und fränkisches Gräberfeld mit vielen kostbaren Beigaben entdeckt.
Den Ortskern schmücken schöne Fachwerkhäuser und die romanische Kirche.
Eine kleine Wanderung führt oberhalb von Gondorf zu einem keltischen Kulturzentrum, dem so genannten Goloring sowie zu dem interessanten Versuchsfeld der Photovoltaikanlage, einem Projekt zur Gewinnung von Solarenergie.

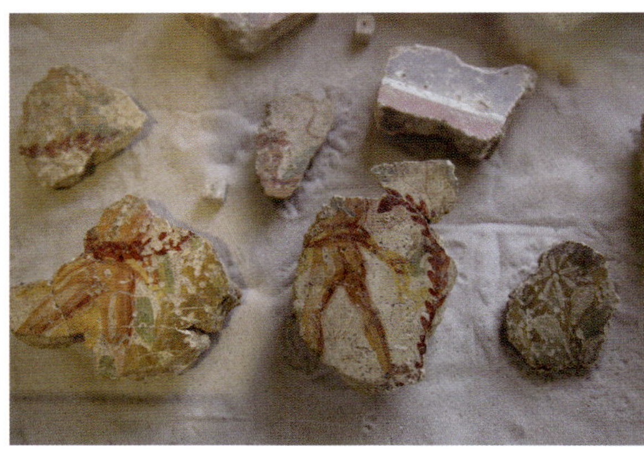

Die Terrassenmosel

Den Winzern der Terrassenmosel ist die Nutzbarmachung der Sonnenenergie nichts Neues. Die steilen Hänge mit bis zu 60 Grad Steigungswinkel nutzen sie zum Anbau der edlen Rieslingrebe. Wenn die Sonne untergegangen ist, sind die grau-braunen Schieferböden noch warm und geben bis tief in die Nacht ihre Wärme wieder ab. Der berühmte Mauerwein ist von der Sonne besonders verwöhnt worden.
Moselabwärts hinter Kobern erhebt sich mit über dreißig Stufen die berühmte Weinlage Uhlen in den Himmel. Dies ist ein Beispiel für eine typische Terrassenlandschaft. Hier werden dem Winzer bergsteigerische Leistungen und insbesondere Kraft und Ausdauer abverlangt, um in seinem Weingarten die jahreszeitlichen Arbeiten zu verrichten, wie Frühjahrsschnitt, Binden der Rieslingrebe, Unkraut- und Bodenbearbeitung und schließlich die Traubenlese.

Aber lassen wir an dieser Stelle den Fachmann zu Worte kommen: ***Dipl.-Ing. Agr. Reinhard Löwenstein*** und seine Frau ***Cornelia Heymann-Löwenstein*** vom Weingut Heymann-Löwenstein in Winningen erklären die Besonderheiten der Steilhanglagen an der Untermosel:

„Im Terroir, in der schöpferischen Synthese von Boden, Mikroklima, den Reben und dem Können des Winzers liegen die wirklichen Geheimnisse großer Weine.
Wenn es gelingt, die Identität des Terroirs in den Wein zu sublimieren, wenn sich die schöpferische Synthese von Böden, Reben, Mikroklima und den Fähigkeiten des Winzers zu einem einzigartigen, authentischen Sinnenerlebnis verdichtet, dann ist Wein mehr als nur einfach guter Geschmack.
Ein wichtiger Aspekt unserer Terroirs ist das relativ kühle Klima des Nordens. In einer Kultur, die von der Sehnsucht nach mediterraner Sonne geprägt ist, mag diese Aussage verwundern. Entgegen der landläufigen Vorstellung ´je Sonne desto Wein` ist es bei Weinen, die sich über

Finesse, Eleganz und Filigranität definieren, gerade umgekehrt: Nur der Anbau in klimatischen Grenzregionen garantiert eine ausreichend lange Vegetationsperiode. Nach der Blüte haben unsere Trauben nicht nur hundert, sondern bis zu hundertsechzig Tage Zeit, ihre subtilen Aromen auf ganz ´kleiner Flamme` ausreifen zu lassen.

Wie es die Bezeichnung „Terrassenmosel" ausdrückt, ist die Region am unteren Verlauf der Mosel von extrem steilen Terrassenweinbergen geprägt. Mit ihren teilweise bis zu zwanzig wie Schwalbennester übereinander angelegten Terrassen – Chöre, wie wir im Dialekt sagen – sind sie ein weinbauliches Relikt längst vergangener Zeiten. Terrassenweinberge repräsentieren heute weniger als 1 % der Anbaufläche! Leider, denn in den Terrassen reifen nicht nur ausgezeichnete Weine. Sie sind auf Grund ihres subtropischen Mikroklimas auch immens wichtige ökologische Nischen für Smaragdeidechsen, Nattern, Kreuzottern sowie verschiedene mediterrane Pflanzen. Und im Uhlen, dem Weinberg mit der offiziell höchsten Assimilationsleistung der Mosel, lebt ein ganz besonders seltener Schmetterling: Der ´Apollo winningensis` hat hier sein größtes von insgesamt nur vier Vorkommen nördlich der Alpen.

Die Entstehung unserer Weinberge begann vor 400 Millionen Jahren. Damals, im Zeitalter des Devon, lag unser heutiges Europa in den Tropen südlich des Äquators. Im Uferbereich des Ur-Ozeans sammelten sich die verschiedenen Abtragungen des Old Red Kontinents und vermischten sich mit Anschwemmungen aus dem Meer. Feine Tone und Sande, Muscheln und Korallenbänke ... Die Unterschiede der aus diesen Ufersedimenten in Millionen von Jahren entstandenen Schiefer erklären die faszinierende Geschmacksvielfalt unserer heutigen Weine.

Nur eine Rebsorte ist in der Lage, den Schiefer derart faszinierend zu neuem Leben zu erwecken: Der Riesling. Diese uralte Rebsorte hat eine schier unglaubliche Vitalität, mit der sie Kälte, Regen, Hitze und Trockenheit trotzend mit ihren bis zu zwölf Meter langen Wurzeln tief in den Felsböden gründet, um den Eigengeschmack der Schiefer quasi als Medium in die Trauben zu sublimieren. Natürlich nur, wenn die Spielregeln eingehalten werden: Um den notwendigen Kontakt der Wurzeln mit dem Schiefer zu garantieren, sollten die Reben mindestens acht Jahre alt sein und der Weinberg eine Pflanzdichte von über siebentausend Reben pro Hektar aufweisen, während gleichzeitig die Erntemenge auf ca. fünftausend Liter pro Hektar begrenzt ist. Wichtig sind der Verzicht auf Mineraldünger, sehr sorgsame, späte Lese ... Aber dann folgt das wirklich Schwierige: Eine Vinifikation mit der inneren Haltung des respektvollen Begleitens, mit viel, viel Geduld und einem tiefen Vertrauen in die natürlichen Reifeprozesse...

Basis unserer Kollektion ist der Riesling Schieferterrassen. In der Nase und am Gaumen betört er mit einer verspielten Synthese feiner Duftnuancen reifer Früchte und mineralischem Schiefer. Der bei uns sehr seltene schwarz-blaue Tonschiefer sublimiert in unserem Riesling von blauem Schiefer zu einem sehr ausdrucksstarken und feinwürzig-erdigen Geschmackserlebnis, während der Kirchberg mit seiner mineralisch-würzigen Struktur fasziniert. Hier ist der Schiefer rötlich gefärbt und in den Steinen funkeln oft kleine Quarzite. Im Stolzenberg sind die Schiefer meist dunkelbraun. Die Weine präsentieren sich mit mehr Volumen und einer ganz eigenen, tiefen Mineralstruktur. Ganz anders der weiche Schiefer im Röttgen. Er hat eine gelb-braune bis rot-braune Farbe, die auf einen hohen Gehalt von verschiedenen Eisenoxiden hinweist. Die Weine dieser Lage sind geprägt von üppigen Fruchtaromen, die an weiße Pfirsiche und reife Melonen erinnern. Und in der Reifephase erinnert er an Kaffee...

Dem gegenüber steht die konzentrierte, eher herbstliche Frucht des Uhlen mit seinem charakteristischen mineralisch-kernigen Nachhall. Wind geschützt durch seine Muldenform und geschützt durch einen Baumgürtel bildet er ein nach Süden geöffnetes Amphitheater, in dem die Sonne uhrglasförmig zentriert ist. Unser Uhlen R reift im Brennpunkt dieser weltberühmten Lage, im Terroir der nur sechs Hektar großen Roth-Lay. Hier dominiert ein quarzitiger, dunkelroter Schiefer, der von einer hellrot-ockerfarbigen Schicht aus einer weichen, kalkigen Sedimentation durchzogen ist. Das Terroir der Laubach (Uhlen L) ist geprägt von grauen Schiefern mit einer Fülle von eingeschlossenen Fossilien. Der hohe Kalkgehalt der vielen Muscheln und Korallen wird im Wein durch eine besonders weiche Fülle wahrnehmbar. Das dritte Terroir im traditionellen Bereich der Lage Uhlen trägt den Na-

men Blaufüßer Lay. Hier vermittelt der blaue, feste Schiefer den Weinen eine sehr pikante, mineralische Note.

Durch die intensive, terroirbetonte Aromatik und die fein ausbalancierte Harmonie ohne schmeckbare Süße stehen unsere Rieslinge in der Tradition der großen Terroirweine, die im 18. und 19. Jahrhundert in den besten Restaurants der Welt serviert wurden und die Reputation der Mosel als eine der besten Weinregionen begründeten. Mit großer Freude vinifizieren wir darüber hinaus hoch konzentrierte, edelsüße Auslesen mit unglaublichem Reifepotential. Ob als Aperitif, zu Käse und Dessert, als Kommunikations- oder Meditationswein....

Auch in der Bezeichnung der Weine spiegelt sich unsere Idee der ´Kommunikation von Terroir`. Basis ist die 1802 von Napoleon initiierte Lagenklassifikation. Unsere Parzellen im Kirchberg, Stolzenberg, Röttgen und Uhlen werden hier zu den 181 Hektar der besten Weinberge gerechnet. Nur knapp zwei Prozent der Rebfläche wurde diese Ehre zuteil. Aber nur wenn Weine aus diesen Lagen den hohen Qualitätsanforderungen genügen, die wir im Verband ´Die Prädikatsweingüter` (VDP) festgelegt haben, dürfen

sie als ´erste Lage` besonders herausgestellt werden.
Unsere Vision von Riesling lässt sich gut mit der Musik Mozarts beschreiben. Seine Stücke leben von einer verspielten Eleganz, die sich unmittelbar und angenehm mitteilt. Gleichzeitig sind die Kompositionen geprägt von großer Komplexität und Tiefe. Sie verführen dazu, Neues zu entdecken und erlauben, in immer tiefere Schichten der Wahrnehmung einzutauchen.
So lieben wir den Wein, das uralte Symbolgetränk seit den Anfängen der Bewusstseinsentwicklung, das ´geistige Getränk`. Göttliche Dionysien, römische Saufgelage, Abendmahl, geheimrätliches ´Trunken müssen wir alle sein...`
´Freundschaft auch der Menschenwesen, Transparenz, von Blüten ein Überschwang...` sagt Pablo Neruda."

Weingut Heymann-Löwenstein

Inh. Cornelia und Reinhard Heymann-Löwenstein
Bahnhofstraße 10, D-56333 Winningen
Tel. 02606 1919, Fax 02606 1909
E-Mail: WEINGUT@HEYMANN-LÖWENSTEIN.com

Im 17. Jahrhundert waren die Moselweine zu siebzig Prozent rot. Doch vor etwa zweihundert Jahren verbot der Kurfürst den Anbau roter Trauben, der Grund dafür ist nicht bekannt. Erst 1987 wurde das Verbot aufgehoben. Mit Erfolg versuchen einige Winzer heute den An- und Ausbau des roten Spätburgunders. Sein Anteil beträgt jedoch erst ein Prozent.

Kobern ist reich an Sehenswürdigkeiten und lädt zu einem interessanten Rundgang ein. Auf dem von bunten Fachwerkhäusern des 17. und 18. Jahrhunderts eingerahmten Markt steht der Tatzelwurm-Brunnen. Dieses Fabelwesen geht auf einen Mythos der spätrömischen bis fränkischen Zeit zurück. Eine bronzene Darstellung des Tatzelwurms wurde gegen Ende des 19. Jahrhunderts als Grabbeigabe auf dem Geispfad gefunden.

Im Mittelalter diente der Marktplatz als Turnierstätte der Herren von Coverne, später als Gerichtsplatz mit Pranger. In der Kirchstraße 1 steht eines der ältesten Fachwerkhäuser Deutschlands, der gotische Abteihof St. Marien von 1321, auch St. Mergen-Hof genannt. Erzbischof Egbert schenkte 980 n. Chr. diesen Hof „in nilla cobruno" dem Marienkloster in Trier mit vierzehn Hufen Land und mehreren Wingerten. Zu dem Hof gehörten die gegenüberliegenden Gebäude der Kirch- und Schulstraße. Geht man einige Schritte weiter, gelangt man zu zwei Gebäuden im typischen Natursteinstil, der Schule von 1835 und der neuromanischen Kirche St. Lubentius aus dem Jahre 1826. Oberhalb, am Südvorsprung des Lennigberges, steht heute noch der romanische Wehr- und Glockenturm aus dem 12. Jahrhundert. In die Befestigungsanlage Koberns einbezogen, diente er durch seine erhöhte Lage gleichzeitig zur weithin hörbaren Nachrichtenübermittlung.
Nebenan ziehen sich die Weingärten bis in den Ort hinunter. Die Familie Romelian besaß ein

Trierer Burglehen, die Verwaltung der Koberner Stiftshöfe. Ihr Wohnsitz lag in der Petergasse. Zu der Anlage des Burghauses gehört neben dem quadratischen Wohn- und Burgturm auch das Kellereigebäude, heute Rittersaal genannt, mit großem Tonnengewölbekeller.

Eine besondere Attraktion bietet das Sommertheater in der Winzerscheune des Weinguts Freiherr von Schleinitz, dessen Eigentümer und Winzer Konrad Hähn ist. Hier finden in besonderem Rahmen Theater- und Musikaufführungen statt. Was vor Jahren als Experiment begann, wurde zu einer überregional anerkannten kulturellen Institution.
Der ***Winzerhof-Pächter Carlo Quintus, Tel. 02607 960236*** und sein Team bieten dazu Köstlichkeiten und gute Weine aus besten Lagen.

Weingut von Schleinitz
Kirchstraße17, D-56330 Kobern-Gondorf
Reservierungen sind möglich:
Tel. 02607 972020, Fax 02607 972022
E-Mail: weingut@vonschleinitz.de

Eine kleine Wanderung auf Wegen durch Weinberge zur Ruine der Niederburg mit einem schönen Blick auf Kobern und die Mosel sollte auf jeden Fall eingeplant werden. Ein alter Kreuzweg führt weiter zur Oberburg und der spätromanischen Matthiaskapelle. Diese wurde im 13. Jahrhundert errichtet, um eine Reliquie, das Haupt des Apostels Matthias, aufzunehmen. Ein Koberner Kreuzritter hatte sie von einem Kreuzzug aus dem Heiligen Land mitgebracht. Später wurde die Reliquie jedoch in die Trierer Abteikirche St. Matthias überführt.
Den Abstieg zurück von der Matthiaskapelle kann man durch das romantische Mühlental wählen und in der Alten Mühle-Höreth, der ehemaligen Krechels Mühle aus dem 11. Jahrhundert, den Abend würdig beschließen. Die mittelalterliche

Mühle ist Restaurant und Gutsausschank des eigenen Weingutes. Die historischen Gebäude, die sich um zwei Innenhöfe gruppieren, wurden mit viel Sachkenntnis stilecht restauriert. Bruchsteinmauerwerk, Steinkrüge, Blumentöpfe und blühender Oleander vermitteln ein reizvolles Ambiente. Ob im Freien, den hübschen Räumen des Restaurants oder in den Gewölbekellern, die Inhaber Gudrun und Thomas Höreth sorgen überall für eine gemütliche familiäre Atmosphäre, in der man sich sofort wohlfühlt. Etwa drei Hektar eigenen Weinanbaus in bester Lage der Terrassenmosel garantieren einen Spitzenwein. Thomas Höreth, der aus einer alten Weinhändler-

Alte Mühle Thomas Höreth
Mühlental 17
D-56330 Kobern-Gondorf
Tel. 02607-6474, Fax: 02607-6848

familie in Franken stammt, hat seine weinbauliche Ausbildung vor allem im Burgund erhalten. Nach seinem Weinbaustudium in Geisenheim kaufte er Weinberge an der Mosel und bepflanzte sie unter anderem mit klassischen Burgundersorten. Das Ergebnis seiner mit großer Ausdauer und Fachkenntnis betriebenen Bemühungen ist ein erlesener Spätburgunder-Wein.

Die Küche zeichnet sich durch typische moselfränkische Gerichte aus frischen Produkten der Jahreszeit aus. Die ausgebaute alte Scheune, gut geeignet für größere Gesellschaften, wirkt mit vielen Objekten aus den Mühlen und dem Weinbau fast wie ein Museum. Der Spruch auf der alten großen Baumkelter beansprucht wohl zeitlose Gültigkeit:

„Speis und Trank sind Gottes Gaben,
Iß und trink, so will ich's haben."

Eifeler Kartoffelkäse

300 g	Kartoffeln
1	Zwiebel
5	Knoblauchzehen
1 Bd.	Schnittlauch
250 g	Schichtkäse
250 g	Frischkäse
200 g	Butter
5	Eigelb, absolut frisch
	nach Belieben einige Chicoreeblättchen

1 Die Kartoffeln waschen und in der Schale ca. 30 Minuten gar kochen, pellen und durch die Kartoffelpresse drücken. Inzwischen die Zwiebeln und die Knoblauchzehen abziehen. Die Zwiebeln sehr klein hacken und die Knoblauchzehen zerdrücken. Den Schnittlauch waschen, trocken tupfen und in Röllchen schneiden.

2 Schichtkäse, Frischkäse, Butter, die 5 Eigelb mit Kartoffeln, Zwiebeln, Knoblauchzehen, Schnittlauch und Salz in einer Schüssel gut verkneten. Die Masse sollte eine cremige Konsistenz haben. Zum Servieren auf Chicoreeblätter füllen und mit Schnittlauch garnieren.

Dazu passt Buttermilch-Dinkelbrot.

Buttermilch-Dinkelbrot

150 g	Dinkelvollkornmehl
150 g	Weizenmehl, Typ 405
30 g	Hefe
4 TL	brauner Rohrzucker
150 ml	Buttermilch
3 EL	Traubenkernöl
	Salz
	Anis, Kümmel
	Butter für das Blech

1 Die beiden Mehlsorten mischen. In die Mitte eine Vertiefung drücken. Die Hefe hineinbröckeln. 1 TL braunen Rohrzucker zufügen und mit 50 ml warmem Wasser zu einem Brei verrühren. Abgedeckt 20 Minuten bei Zimmertemperatur stehen lassen. bis die Hefe aufgegangen ist.

2 Buttermilch, Traubenkernöl, Salz, restlichen Rohrzucker, Anis und Kümmel zufügen und zu einem Teig verkneten. Abgedeckt ca. 30 Minuten ruhen lassen.

3 Den Backofen auf 200° C Ober- und Unterhitze vorheizen. Ein Backblech einfetten oder mit Backpapier auslegen. Den Teig zu einem länglichen Brot formen und mit Wasser bestreichen. Im Backofen auf mittlerer Schiene ca. 40 Minuten backen.

Eine weitere lokale Spezialität ist der „Hecht nach Art der Familie Simonis", den wir Ihnen besonders ans Herz, genauer gesagt an den Gaumen legen möchten. Dieses Rezept wurde bewahrt, unzählige Male zubereitet und weiter gegeben von ***Maria Görgen***, Kobern-Gondorf.

Hecht

nach Art der Familie Simonis

Brochet à la Simonis

900-1000g	Hechtfilet
2-3 EL	Zitronensaft
	Salz
6 EL	Semmelmehl oder 5 EL Mehl
300-350 ml	Sahne
200 g	Crème fraîche
250 g	geriebener Käse wie Emmentaler
4 EL	Öl
40 g	Butter
	frisch gem. Pfeffer
	Dillzweige zum Garnieren

1 Das Hechtfilet waschen, trocken tupfen, portionieren, mit Zitronensaft beträufeln und salzen. In Semmelmehl wälzen oder beidseitig mit Mehl bestäuben.

2 Den Backofen auf 200° C Ober- und Unterhitze vorheizen. Sahne, Crème fraîche und 150 g Käse in einer Schüssel verrühren, in eine Auflaufform geben und in den Backofen stellen. Währenddessen das Öl in einer großen Pfanne erhitzen und die Butter zufügen. Das Hechtfilet darin beidseitig einige Minuten anbraten, nochmals salzen, pfeffern und in die Auflaufform geben. Mit dem restlichen Käse bestreuen und weitere 18-20 Minuten im Backofen belassen, bis der Käse eine goldgelbe Farbe angenommen hat.

Mit Dill garnieren und Salzkartoffeln sowie einem frischen Blattsalat servieren.

Für Interessierte bietet das „Kuratorium für Heimatforschung und -pflege Kobern-Gondorf" von Mai bis November monatlich kulturhistorische Führungen und Wanderungen in die sehenswerte Umgebung an.

Informationen erteilt „Touristik und Kultur Kobern-Gondorf" unter Tel. 02607 1055 oder 19433.

Ein traditionsreicher und zugleich viel besuchter Weinort an der unteren Terrassenmosel ist *Winningen*. Dort, wo an der Moselschleife die Weinbergstufen hoch hinaufsteigen, liegen die berühmten Lagen Uhlen, Hamm, Domgarten, Brückstück und Röttgen, die beste Rieslingweine reifen lassen.

Im Zentrum des Ortes, dem Weinhex-Brunnen gegenüber, liegt das ehemalige Winninger Spital. Heute beherbergt es die Vinothek, in der Winninger Spitzenweine verschiedener Winzer verkostet werden können. Im „Verein Winninger Spital e.V." besitzen siebzehn Winzerbetriebe die Mitgliedschaft:

Weingut und Sektkellerei Wolfgang von Canal
Weingut Domgartenhof
Weingut Freiherr von Heddesdorf
Weingut Fries
Winzerfamilie Horch-Göbel
Weingut Gerhard Knaudt
Weingut Werner und Renate Knaudt
Weingut Fred Knebel
Weingut Reinhard und Beate Knebel
Weingut Löwensteinhof
Weingut Knebel-Lehnigk
Weingut Horst Löwenstein
Weingut Kröber-Röttgerding
Weingut Rüdiger Kröber
Weingut Richard Richter
Winzerhof Am hohen Rain
Weingut Gerd Knebel

Martina und ***Lothar Kröber*** arrangieren dazu wechselnde, interessante Ausstellungen, Veranstaltungen und Weinproben.

Nähere Informationen gibt es unter
Tel. 02606 961514 oder im Internet:
www.vinothek-winningen.de

Von den ehemals sechs Stadttoren der 1583 vollendeten Ringmauer steht heute nur noch das Horntor. Viele hübsche Fachwerkhäuser zieren die Straßen und die beiden Zentren, den Marktplatz sowie den Weinhof. Die Winninger verstehen es, Feste zu feiern und ziehen dadurch viele Besucher von nah und fern an. Unter anderem finden jährlich statt:

- Fröhliches Ostereierkibben am Weinhexbrunnen
- Winninger Wein- und Schlemmertreff auf dem Marktplatz
- Internationales Trachtentreffen
- Moselfest zu Winningen – ältestes Winzerfest Deutschlands
- Fest des Federweißen
- Weihnachtsmarkt

Drachenboot-Rennen auf der Mosel? Das gibt es doch seit über tausend Jahren nur in China! Aber auch in Winningen findet jedes Jahr an den Mittsommernachtstagen dieses Spektakel statt. Zahlreiche Teams treten dann zum Wettkampf gegeneinander an.

Man kann verstehen, dass der Weinhex-Brunnen, um den herum im April der Festereigen eröffnet wird, das Wahrzeichen von Winningen geworden ist. Aber auch zu jeder anderen Zeit lohnt sich ein Besuch in Winningen. Die Gutsschänke Schaaf nahe dem Moselufer besitzt ihren eigenen Charme. Das alte Herrenhaus mit gemütlichen Räumen, dem bepflanzten Innenhof und überdachten Lauben lädt zum Verweilen ein, besonders in der heißen Jahreszeit. Geboten werden Gerichte mit frischen Produkten der Region sowie Genüsse aus der vegetarischen Küche. Dazu gibt es erlesene Weine. Sehenswert ist die kleine Galerie in einem der Nebenräume.

Gutsschänke Schaaf
Inh. Stefan Pohl, Fährstraße 6
D-56333 Winningen
Tel. 02606 597, Fax 02606 897
E-Mail: info@gutsschaenke.com

Bunte Gemüsetorte

Für eine Springform von 28 cm Durchmesser

Für den Teig

250 g	grob gemahlener Weizen, ersatzweise Vollkornmehl
100 g	kalte Butter
1	Ei
1	Eigelb

Für die Füllung

200 g	Zucchini
200 g	Mohrrüben
je 1	rote, grüne und gelbe Paprikaschote
300 g	Brokkoli
3	Tomaten
40 g	Butter
	Salz
2	Zweige frischer Thymian
3-4	Zweige Basilikum
4	Eier
1/2 l	Sahne
	frisch gem. Pfeffer
	abgeriebene Muskatnuss
200 g	geriebener Käse wie Gouda
	Butter und Mehl für die Form

1 Gemahlenen Weizen, kalte Butter in Stücken, Ei, Eigelb und 3 EL kaltes Wasser schnell zu einem Teig verkneten. 1 Stunde in Klarsichtfolie verpackt im Kühlschrank ruhen lassen.

2 Inzwischen die Füllung zubereiten: Das Gemüse waschen, putzen und in Scheiben bzw. Streifen schneiden. Den Brokkoli in kleine Röschen teilen. Die Butter in einem weiten Topf erhitzen und das Gemüse, außer den Tomaten, leicht andünsten. Mit Salz und abgezupften Thymianblättchen würzen. Vom Herd nehmen und in einem Sieb abtropfen lassen. Den Sud anderweitig verwerten. Basilikum in Streifen schneiden.

3 Die Springform mit Butter einstreichen und mit Mehl ausstäuben, überflüssiges Mehl wieder ausklopfen. Den Teig ausrollen und in die Form geben. Die Eier mit Sahne verrühren und mit Salz, Pfeffer und Muskatnuss würzen.

4 Den Backofen auf 175° C vorheizen. Das Gemüse auf dem Teigboden verteilen und die Eiermilch darüber gießen. Die Tomatenscheiben gleichmäßig auf der Torte verteilen, mit dem Basilikum bestreuen und mit dem Käse abdecken.

Joanne und Thomas Lange haben aus der seit Generationen im Familienbesitz befindlichen Moselinsel Ziehfurt ein Erholungszentrum geschaffen, deshalb kann man sagen: von Neuseeland an die Mosel der Liebe wegen. Campingfreunde, Wassersportler, Radfahrer oder einfach für Leute, die die Inselruhe zu schätzen wissen, sei diese Moselinsel vor Winningen empfohlen.
Die Insel ist mit dem Festland durch einen befahrbaren Damm mit einer Brücke verbunden.

Winninger Ferieninsel
Inh. Thomas Lange, D-56333 Winningen
Tel. 02606 357, Fax 02606 2566
Internet: www.mosel-camping.com

Eine hübsche Straußwirtschaft hat die Familie ***Horch-Göbel in der Fährstraße 32, Tel. 02606 1543.*** Sie bietet leckere kleine Gerichte und dazu eigene gute Weine an.
Heimat schmeckt – das kann man so richtig in der Winzerwirtschaft Barz genießen. Ob in den traditionellen Räumen, im Wintergarten oder im südländisch anmutenden Luisengarten, überall lässt sich vorzüglich aus der Winzerküche speisen. Es versteht sich von selbst, dass ein guter Wein dazu gehört.

Winzerwirtschaft Barz
Inh. Christian Müller
Osterstraße 5, D-56333 Winningen
Tel. 02606 1751 oder 02606 886

Gebratene Lammleber
mit Apfelscheiben und Feldsalat

Für die Lammleber

600 g	Lammleber
2 EL	Mehl, Type 550
2	Äpfel wie Elstar, Bio-Qualität
3 EL	Butterschmalz
	Salz, frisch gem. Pfeffer

Für Feldsalat mit Kartoffeldressing

2	Kartoffeln
1/4 l	Rindfleischbrühe
1/4 l	Öl
1/8 l	Kräuteressig
1 EL	Balsamico-Essig
1 EL	Senf
	Salz, frisch gem. Pfeffer
	abgeriebene Muskatnuss
250-300 g	Feldsalat

1 Zunächst für den Feldsalat das Kartoffeldressing zubereiten: Dazu die Kartoffeln waschen, schälen, in Stücke schneiden, in der Rindfleischbrühe kochen und zerstampfen. Öl, beide Essigsorten und Senf zufügen. Mit Salz, Pfeffer und Muskatnuss gut würzen.

2 Den Feldsalat waschen, putzen und mundgerecht auf Tellern verteilen.

3 Die Lammleber waschen, trocken tupfen, in Stücke von etwa 2-3 cm schneiden und mit Mehl bestäuben. Die Äpfel waschen, das Kerngehäuse ausstechen und das Fruchtfleisch in Scheiben schneiden.

4 Butterschmalz in einer Pfanne erhitzen und die Leber gut anbraten. Nach 3 Minuten die Äpfel zufügen und weitere 3-4 Minuten mit geschlossenem Deckel schmoren. Kurz vor dem Anrichten mit Salz und Pfeffer würzen und auf vorgewärmten Tellern servieren.

5 Kartoffeldressing evtl. noch einmal erwärmen und lauwarm über den Feldsalat geben.

Weinempfehlung: 2006er Riesling, trocken, Q.b.A., vom Schiefer, Weingut Rainer Fries, Winningen

Kleine Weinküchlein

Für 24 Küchlein

400 ml	Weißwein von der Mosel (Riesling)
100 ml	Öl
2	Eier
60 g	Zucker
1 EL	Vanillezucker
1 Msp.	Salz
1 EL	Zitronensaft
450 g	Mehl
1 EL	Backpulver
60-80 g	Rosinen, nach Belieben
	Butter und Mehl für die Bleche

1 Den Backofen auf 180° C vorheizen. Ein Blech mit Vertiefungen, evtl. zwei Muffinbleche mit je 12 Vertiefungen, einfetten und mit Mehl ausstäuben; überschüssiges Mehl wieder ausklopfen.

2 Wein, Öl, Eier, Zucker, Vanillezucker, Salz und Zitronensaft zu einer glatten Masse verrühren. Das Mehl sieben und mit Backpulver vermischt unterrühren. Nach Belieben die Rosinen zufügen. In die Vertiefungen füllen und 15-20 Minuten backen.

Im Herbst nach der Lese und dem Keltern der Trauben wird im Weingut Rüdiger Kröber der Trester, so werden die Rückstände nach dem Pressen genannt, nur zum Teil als Humusdünger in den Weinberg verbracht. Der andere Teil wird zum Brennen edler Tropfen verwendet. Für den Riesling Trester werden die Rückstände in Bottiche oder Bütten eingelagert, luftdicht verschlossen und in sechs Wochen bis zu drei Monaten vergoren. Dann wird der Trester in die Brennblase eingefüllt. Zwei Brände werden destilliert: Der Rohbrand benötigt gut eine Stunde und der zweite, der Feinbrand, zwei bis drei Stunden. Der Nachlauf, der etwa 10 bis 15 % beträgt, wird dem Trester bei Neufüllung wieder zugegeben.
Beim Traubenbrand werden die Trauben von Hand verlesen und entrappt, also von den Stielen befreit und dann auf der Maische vergoren. Danach wird alles im Destilliergerät gebrannt. Je langsamer der Destillationsvorgang, desto edler kann das Produkt werden.
Das berühmte Tresterfleisch der Mosel wurde

früher in den Hut des Brennkessels gehängt. Es garte und nahm dabei die feinen Aromen und den Alkohol auf.
Der Tresteralkohol reift in achtzehn Monaten Fasslagerung. Alter Riesling Trester benötigt fünf Jahre für die Reife in Eichenfässern. Trester von Toplagen wie der Marc vom Uhlen wird in französischen Fässern aus dem Limousin zur Reife gebracht.
Eine weitere Spezialität des Hauses ist der Weinbergpfirsichlikör.

Tresterfleisch

von Werner Brohl aus Winningen

4	Gemüsezwiebeln
6	Mohrrüben
1	Stange Lauch
200 g	Sellerieknolle
1 Bd.	Petersilie
10	Wacholderbeeren
15	Pfefferkörner, schwarze und grüne
20	Senfkörner
3/4 l	trockener Riesling wie Winninger Domgarten oder Winninger Röttgen
1,5 kg	Schweine- u. Rindfleisch gemischt (Schweinerücken, falsches Filet/ Bug)
	Salz, frisch gem. weißer Pfeffer
200 ml	Trester
50-50 g	Schmalz
3-4 EL	Tomatenmark
2-3 EL	Mehl

1 Die Zwiebeln abziehen und in feine Ringe schneiden. Das Gemüse waschen, putzen, trocken tupfen und in Scheiben oder Stücke schneiden. Die Petersilie waschen, die Blättchen von den Stielen zupfen und hacken. Gemüse, Petersilie und Gewürze in eine Schüssel geben. Mit dem Wein übergießen. Das Fleisch von Haut und Sehnen befreien, salzen, pfeffern und hinzufügen. Den Trester hinzugeben und 2 Tage abgedeckt und gut gekühlt stehen lassen, allerdings nicht im Kühlschrank, das wäre zu kalt.

2 Das Fleisch gut abtropfen lassen. Das Schmalz in einem Schmortopf erhitzen. Das Fleisch von allen Seiten anbraten. Den Schmortopf abdecken und ca. 2 Stunden schmoren lassen. In der letzten halben Stunde das Gemüse zufügen. Nach 10 Minuten das Fleisch herausnehmen und warm halten. Tomatenmark hinein rühren und durchschmoren lassen, bis es dunkel ist. Vorsicht, es darf nicht ansetzen. Mit 250 ml Wasser und 250 ml Marinade ablöschen. Das Mehl mit etwas kalter Marinade verrühren und die Flüssigkeit damit andicken. Mit Salz und Pfeffer gut abschmecken. Zusammen mit dem Fleisch servieren.

Dazu passen Wirsingkohl und gestampfte Kartoffeln.

Tipp: Nach Belieben kann man in die Marinade zusätzlich zum Gemüse noch 2-3 zerkleinerte Äpfel geben.

Ein Bummel durch die Osterstraße: Hinter schön gestalteten Schaufenstern präsentieren Dana und Jens Nettlich ihre „Metallformen". In einem ehemaligen Winzerhaus, mitten im Weinort Winningen, hat das Künstlerpaar eine inspirierende Umgebung gefunden. Jens Nettlich fertigt in seinem Atelier Werkzeuge, Messer, Waffen und Gegenstände, die sich an historische Vorlagen anlehnen. Vom Ger bis zur einsatzfähigen

Saufeder wird alles handgearbeitet. Seine Frau Dana gestaltet Schmuck - wunderschöne, fantasievolle Stücke aus Stahl und Steinen, Silber und Gold: „Durch die Komposition verschiedener Materialien, meine Spezialtechniken und ausgiebige Gespräche mit meinen Kunden versuche ich, deren Persönlichkeit im Schmuckstück einzufangen."

Dana Nettlich
Goldschmiedemeisterin
Jens Nettlich
Diplom-Designer
Osterstraße 6, D-56333 Winningen
Tel. 02606 963983, Fax 02606 963983
E-Mail: info@metallformen.de
www.metallformen.de

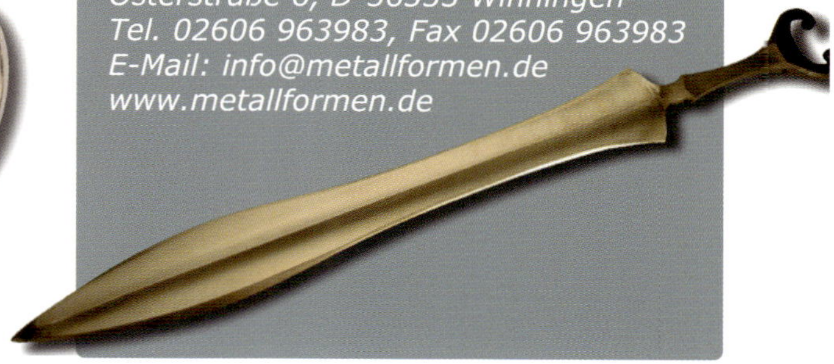

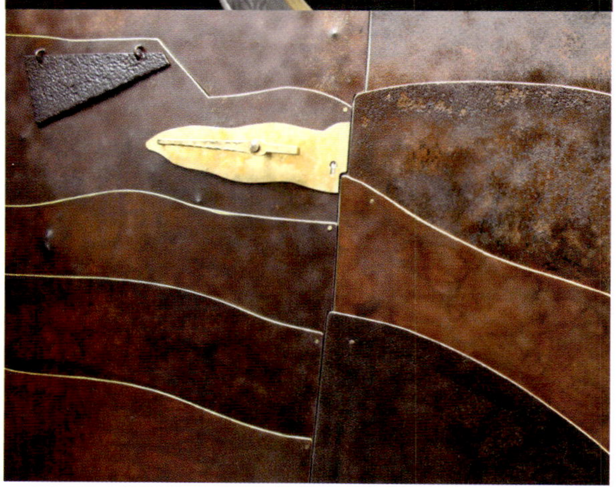

Für Ihre Arbeit erhielten Jens und Dana Nettlich im Jahr 2004 den Staatspreis für das Kunsthandwerk Rheinland-Pfalz.

O HEILGER S(ankt) NICKLAS
BIT GOTT FÜR UNS ON UNDERLAS

Ein Sohn dieses Winzerortes hat Weltberühmtheit erlangt, nämlich der Autopionier August Horch, der Gründer der Audi-Werke von 1910. In einem Museum kann man interessante Objekte, wie zum Beispiel den ersten von ihm konstruierten Vier-Zylinder-Motor, bewundern. Seine Nobelkarossen erregten in den dreißiger Jahren allgemeines Aufsehen.
Oberhalb vom Ort auf einem Plateau liegt der Landeplatz Koblenz-Winningen. Dort werden Rundflüge angeboten, eine gute Gelegenheit, die Mosel mit ihren schönen Winzerorten und Burgen einmal aus der Vogelperspektive zu erkunden.

Die Steilhänge der Terrassenmosel ziehen sich über *Güls*, das keltische gulisa, dann Golse, teilweise nur unterbrochen von Obstgärten, bis nach Koblenz-Metternich hin. Urkundlich wurde Güls 775 n. Chr. erstmals erwähnt wegen seiner kleinen romanischen Kapelle, an deren Stelle im 13. Jahrhundert die dreischiffige Basilika, genannt die „Alte Kirche", errichtet wurde. 1833 bis 1840 entstand die neue Pfarrkirche St. Servatius. Die beiden schlanken Türme mit spitzen Helmen, kurz Gülser Zahnstocher genannt, sind Wahrzeichen des Weinortes. 1970 wurde Güls Koblenz eingemeindet. Im Ortskern blieb jedoch der liebenswürdige dörfliche Charakter erhalten. Der kommt auch zum Ausdruck bei dem jährlich wiederkehrenden Blüten- und Weinfest, das Ende April/Anfang Mai mit der Eröffnung des Weinbrunnens und des Kirschblütenfestes mit Trachtenumzügen, viel Frohsinn und Tanz begangen wird. Fröhliche und unbeschwerte Stunden verheißen die Einkehr im ***Weingut Karl Lunnebach, Am Mühlbach 46. Karsten Lunnebach*** bewirtschaftet erfolgreich das Weingut in der vierten Generation. In den Lagen Gülser Bienengarten, Gülser Königsfels, Gülser Marienberg und in der kleinsten Einzellage Deutschlands, dem Koblenzer Schnorbach-Brückstück reifen außer Riesling und blauem Spätburgunder auch Rebsorten wie Weißburgunder, Kerner und Müller-Thurgau. Auch ein Besuch des ***Weinguts Spurzem, Am Zehnthof 12***, ist sehr zu empfehlen.

Schräg gegenüber auf der Hunsrückseite liegt der kleine Weinort *Lay*, der Name kommt aus dem Keltischen ley = Schiefer, Ausgangspunkt zu schönen erlebnisreichen Wander- und Radtouren. Ob entlang der Mosel oder die Höhen hinauf zum Carolaturm mit Blick auf das Moseltal und weiter zum Koblenzer Stadtwald, vorbei am Hexenplatz, wo 1656 als letzte Hexe Maria Knebel aus Winningen verbrannt wurde, zum Forsthaus Remstecken, ein Hotel-Restaurant und Café mit Wildgehege oder zum Forsthaus Kühkopf – jede Tour lohnt sich. Man kann aber auch über die Eiserne Hand den Moselhöhenweg mit einem kleinen Abstecher zum Römischen Mercurtempel wählen. Der Moselhöhenweg führt von hier über Trier bis nach Perl. Die ganze Strecke, etwa 220 Kilometer lang, ist mit einem großen M gekennzeichnet.
Von Lay verläuft unterhalb der Schwedenschanze der Ankerpfad bergan nach Koblenz-Karthause, genannt nach dem ehemaligen Kloster, das Karthäusermönche 1331 gegründet hatten. Es ist ein alter Pilgerpfad, der an einer Stele aus dem Jahr 1604 zu Ehren des Hl. Nikolaus vorbeiführt.

„O HEILGER S(ankt) NICKLAS
BIT GOTT FÜR UNS ON UNDERLAS"

Linker Hand gelangt man dann über den Burgweg hinunter nach *Koblenz-Moselweiß*, dem letzten Weinort am rechten Moselufer. In einer Schenkungsurkunde von 1070 vermacht der Edelmann Cuno an das Stift St. Florin in Coblenz seine Besitzungen in Wissa. Dieser Ortsname änderte sich im Laufe der Zeit in Wisse, dann in Weis. Seit dem 18. Jahrhundert ist die heutige Bezeichnung Moselweiß in Gebrauch. Zu allen Zeiten war Weis ein Bauern- und Winzerdorf.
In früheren Jahrhunderten bildeten die Gemein-

den Weis, Lützel und Neuendorf eine Marktgenossenschaft, die Miteigentümerin des Koblenzer Stadtwaldes war. Somit durften die Bürger an bestimmten Waldtagen Stämme als Bauholz fällen. Im Herbst konnte jeder mehrere Schweine zur Eichel- und Bucheckernmast in den Wald treiben. Das Stift St. Florin besaß Weingärten und ein eigenes Kelterhaus. Eine Urkunde von 1399 erwähnt beide. Als 1805 das Stift säkularisiert wurde, besaß es über 87.000 Stock.
Ein Besuch des Weinguts ***Josef Reif, Niedergasse 10, D-56073 Koblenz-Moselweiß, Tel. 0261 409540, Fax 0261 624505, E-Mail: info@reif-weingut.de,*** lohnt sich immer. Neben erlesenen Weinen wie Riesling, Grauburgunder, Weißburgunder, Scheurebe und Kerner werden auch wieder Spätburgunder-Rotweine ausgebaut.

Koblenzer Ruderclub Rhenania 1877/1921 e.V.

Am Moselstausee 16, D-56073 Koblenz
Tel. 0261 403664, Fax 0261 46545
Internet: www.krc-rhenania.de

Seit der Gründung im Jahre 1877 ist der Ruderclub mit der Mosel verbunden und somit mit einem der schönsten Flüsse in Deutschland, allerdings wird seit einigen Jahren auch schon mal auf dem Rhein „fremdgerudert". Aus der Fusion mit der „Coblenzer Rudergesellschaft 1921" entstand 1971 der heutige „Koblenzer Ruderklub 1877/1921 e.V.".

Seit 1878 wurden fast viertausend Siege auf offenen Regatten des Deutschen Ruderverbandes und internationalen Regatten errungen, darunter Medaillen bei Olympischen Spielen, Weltmeisterschaften und Deutschen Meisterschaften. Die größten internationalen Erfolge der letzten Jahre waren der Weltmeisterschaftstitel 2002 im gesteuerten Zweier durch Andreas Werner und Claus Müller-Gatermann in Renngemeinschaft mit dem Dresdner Lars Krisch, die Silbermedaille von Kai Anspach 2006 im leichten Doppelvierer in Eton und der vierte Platz von Stephan Roehnert bei den Olympischen Spielen 2000 in Sydney.

Der Präsident des Ruderclubs Lutz Itschert legt großen Wert auf die Förderung der Rennruderer, doch dabei soll der Breitensport auch nicht zu kurz kommen. Der größte Teil der Aktiven hat sich für Fahrten- und Wanderrudern entschieden. Die einen gehen regelmäßig vom Bootshaus auf die Mosel aufs Wasser, die anderen legen innerhalb mehrerer Tage längere Strecken auf nationalen und internationalen Gewässern zurück, so auch schon auf dem Indischen Ozean.

Wie keine andere Sportart verbindet der Rudersport als Leistungseinheit die Menschen untereinander und macht sie so zu einem echten Team. Der faszinierende Wassersport in der freien Natur und mit der Ganzkörperbewegung ist ideal für alle Altersklassen, je nach Interesse als Renn- oder als Wandersport. Dieser Club bietet alle Möglichkeiten. Einen traditionell hohen Stellenwert hat auch die Geselligkeit, die vom Pächter in dem Restaurant Bootshaus bei einer Stärkung mit einem Glas Moselwein oder einem kühlen Bier garantiert ist. So auch nach einer Bootstaufe. Es ist noch gar nicht so lange her, als ein feierlicher Taufakt stattfand. Der Einer von Esther Dockhorn erhielt den Namen ***„Shu You"***, was ´Hai` auf chinesisch heißt. Es war ihre Idee, denn auf einem Boot namens „Haifisch" hat sie ihr erstes Rennen gewonnen. Jetzt will sie sich für die Junioren-Weltmeisterschaft in Peking qualifizieren.

Koblenz

zwischen Mosel und Rhein

Koblenz, am Zusammenfluss von Mosel und Rhein gelegen, kann auf eine über zweitausendjährige Vergangenheit zurückblicken. Castellum apud confluentes, Kastell an der Zusammenfließenden, nannten die Römer ihr Militärkastell zum Schutz des Moselüberganges der wichtigen Heerstraße von Mainz nach Köln. Das Lager der Römer, das sich ständig durch Ansiedlung von Handwerkern und Händlern vergrößerte, musste gegen die Angriffe germanischer Stämme befestigt werden. Die etwa sechs Hektar große Fläche am Moselufer wurde mit einer Stadtmauer und neunzehn Wachtürmen umgeben. Doch gegen 450 n. Chr. waren die Römer gezwungen, ihr Kastell endgültig zu verlassen. Überreste der Mauern sind bis heute erhalten geblieben.
Nach den Römern kamen die Franken. Aus „Confluentes" wurde Ende des 5. Jahrhunderts „Combulantia" – mit fränkischem Königshof, heute Pfarrhof von den Liebfrauen, dann „Convolencia", ab dem 9. Jahrhundert dann „Coblenz" und 1530 „Covelentz", bis endlich 1926 Koblenz seinen vorläufig endgültigen Namen bekam.

Erst mit Ausbreitung des Christentums und besonders unter Karl dem Großen begann ein neuer Aufschwung. Ritterorden, Zunft und Stände sowie die Erzbischöfe und Kurfürsten, Franzosen und Preußen hinterließen ihre Spuren.

Viele interessante Details der Altstadt lassen die Vergangenheit wieder aufleben. Vertrauen Sie sich doch einfach der sachkundigen Führung des weit über Koblenz hinaus bekannten Fremdenführers Manfred Gniffke an. Keiner kennt wie er Menschen und Geschichte der Altstadt. Er ist in vielen Gremien tätig, aber lassen wir jetzt ***Manfred Gniffke*** selber zu Wort kommen:

Wir Koblenzer sind Moselaner!

„Eigentlich sind wir Koblenzer ja vom Ursprung her Moselaner. Die Römer bauten ihr erstes Kastell ´apud Confluentes` an die Mosel im Beritt des heutigen Münzplatzes. Die im dritten und vierten Jahrhundert erbaute römische Stadtmauer verlief von der Mosel zur Mosel, der Fluss war die nördliche Begrenzung der Stadt.
Viele wichtige und historische Gebäude der Altstadt, das Schöffenhaus, das Kauf- und Danzhaus, die ehemalige Synagoge, der Bürresheimer Hof und die Alte Burg stehen an der Moselseite der Altstadt. Auch historische Gaststätten wie ´Der Deutsche Kaiser` und die Kneipe ´Im Winkel` blicken auf die Mosel.
Wenn man es genau nimmt, sind wir sogar Hunsrücker Moselaner. Denn am Eck,

dem Zusammenfluss von Rhein und Mosel, beginnt oder endet, je nachdem aus welcher Richtung man kommt, der Hunsrück.
Unsere Vorfahren hatten auch nie so den Zug den Rhein ´rauf. Alles was weiter als bis zum Wallfahrtsort Bornhofen war, zählte für sie schon zu Bayern. Es zog sie mehr in die Koblenzer Vororte Güls, Moselweiß und Lay, links und rechts der Mosel gelegen. Darum wurden Güls und Lay auch 1970 eingemeindet, Moselweiß war schon früher dran. Diese Moselgemeinden sind auch bekannt für gute Weine, Güls auch noch für seine Kirschen, die früher bei uns im Sommer auf dem Wochenmarkt der Renner waren.
Eine Moselgemeinde dürfen wir nicht vergessen, den schönen Weinort Winningen. Heute noch selbstständige Gemeinde, aber im Geiste schon von Koblenz eingemeindet. Die Studioleiterin des Südwestrundfunks in Koblenz, Barbara Harnischfeger, hatte bei ihrer Wahl zur Ehrenwinzerin von Winningen den schönen Ausspruch über den Äther verbreitet: ´Was Grinzing für die Wiener ist Winningen für die Koblenzer`. Das stimmt. Wer an einem schönen Sommerabend durch Winningen wandert, trifft dort mehr Koblenzer als in der Stadt selbst. Der Wein, die gemütliche Atmosphäre und die Nähe zur Stadt des auf der linken Moselseite gelegenen Örtchens ziehen die Koblenzer dorthin und machen Winningen zum begehrten Eingemeindungsobjekt. Heute noch Wunschdenken der Koblenzer, aber kommt Zeit, kommt vielleicht auch Winningen.

Vor über zweihundert Jahren gab es noch einen anderen Grund, nach Winningen zu wandern. Der Ort war durch seine Zugehörigkeit zu den badischen Sponheimern rein protestantisch. In Koblenz gab es kaum Protestanten, erst der letzte Kurfürst, Clemens Wenzeslaus, hatte 1783 den Zuzug und die gewerbliche Niederlassung von Evangelischen erlaubt. Man wanderte also sonntags nach Winningen,

um ´Evangelije ze gugge`. Heute sind es, wie schon erwähnt, andere Gründe, die die Koblenzer in Scharen nach Winningen locken.
Auch Kaiser Napoleon bewunderte die wunderschöne liebliche Mosellandschaft. Bei seinem Besuch in Koblenz im Jahre 1804, die Stadt war schon zehn Jahre in französischer Hand, hatte er auch seine Gemahlin, die Kaiserin Josephine, im Gepäck. Von Köln aus waren sie nach Koblenz gereist. Am 18. und 19. September besichtigte er mit seinem Stab auch die Umgebung von Koblenz. Von der Karthause aus schaute er in das Moseltal hinab, und er soll bei diesem Anblick gesagt haben: ´Ich bin glücklich`, natürlich auf französisch. Er ritt durch Moselweiß und ließ sich mit der Fähre über die Mosel nach Güls bringen. Die Einwohner bereiteten ihm einen festlichen Empfang. Von Güls aus ritt er dann über den Hayerberg nach Metternich und von dort zurück nach Koblenz.

Die Mosel ist auch einfach schön. Der Rhein ist der mächtige Strom, der majestätisch an der Stadt vorbei fließt. Der Rhein ist der Schicksalsstrom der Deutschen, durch Jahrhunderte eine Heerstraße. Um den Rhein wurde gekämpft, der Rhein war Grenzfluss. Hier zogen die Völker rauf und runter, die Fußkranken blieben in den Städten links und rechts des Flusses hängen. Die Mosel ist lieblicher, nicht so mächtig wie der Rhein. Auch die Landschaft passt sich dem Fluss an, genau wie die kleinen Städtchen und Dörfer zwischen Trier und Koblenz. Die Menschen an der Mosel sind geprägt von der Landschaft. Sie sind gemächlicher als die Rheinländer, sie sprechen auch langsamer, so wie die Mosel auch langsamer fließt als der Rhein.

Aber eines haben die Moselaner und die Rheinländer gemeinsam, den Wein. An der Mosel haben es die Winzer mit dem Weinbau vielleicht etwas schwerer als ihre Kollegen am Rhein. Die steilsten Weinberge sind an der Mosel, dort ist Winzerarbeit wirklich Knochenarbeit. Daran sollte man denken, wenn man den eingefangenen Sonnenschein im Pokale vor sich hat und ihn mit Genuss trinken. So belohnt man die schwere Arbeit des Winzers und der Winzerin.
Im Moselstadtteil Lay lebten die Menschen auch vom Weinbau. Einige Winzer hatten ihre Weinberge auf der anderen Moselseite, was oft auch zu Streitigkeiten mit den Winningern führte. Das ist aber heute Geschichte. Neben dem Weinbau betrieben die Layer Obstanbau und Ackerbau. Ihre Erzeugnisse boten sie den Städtern auf dem Wochenmarkt in Koblenz an. Heute gibt es noch eine Reihe von Winzerbetrieben im Ort.
So ist es auch im Stadtteil Moselweiß. Hier wird der bei Kennern sehr beliebte Moselweißer Hamm angebaut. War es früher hauptsächlich der Wein- und Ackerbau, der das Leben im Ort prägte, so sind es heute eine Klinik und große Verwaltungsgebäude. In Moselweiß gibt es auch noch ein reges Vereinsleben, hier pflegt man die

Geselligkeit, so wie überall an der Mosel. Übrigens findet man in den Moselorten noch ab und zu italienische Familiennamen. Sie waren einmal Gastarbeiter, die beim Bau der Eisenbahn durch das Moseltal hier hängen blieben. Oft hatte den feurigen Südländern ein Mädchen von der Mosel den Kopf verdreht oder umgekehrt. Wie dem auch sei, diese Verbindungen ergaben eine gute Mischung und hübsche Kinder.
Ich liebe auch die Mosel. Als Kind schon war unser Fluss mehr die Mosel als der Rhein. Einfach weil man von der Altstadt aus, wo ich geboren bin, direkt am Moselufer war. Im Sommer war die Mosel oft so niedrig, dass man bequem auf die andere Moselseite gehen konnte. Es gab vor der Kanalisierung viele Krippen in der Mosel, die zum Baden einluden, oder wo man auch gut Fische fangen konnte. Es fuhren kaum Schiffe auf der Mosel, für uns der ideale Spielplatz. Der Koblenzer Hafen befand sich auch an der Mosel, mit der Hafenbahn, Speditionshäusern und vier Kranen. Aber ich bin auch ein Kind des Rheins, wie alle Schängel. Wir haben hier das Glück, die einzige Stadt an Rhein und Mosel zu sein. Für mich ist es unvorstellbar, irgendwo zu leben, wo kein Fluss vorbei fließt. Sommertags in der Frühe am Rheinufer zu stehen und das sich im Fluss wie Rheingold spiegelnde Sonnenlicht zu bewundern und am Abend die letzten Strahlen der im Westen untergehenden Sonne auf dem Wasserspiegel der Mosel zu betrachten, ist das Höchste, etwas Schöneres gibt es nicht. Dann bei einem guten Wein oder einem kühlen Bier und einem guten Essen den Tag zu verabschieden, das ist Glück. Denn auch an der Mosel wie am Rhein gilt die alte Weisheit: ´Gut Essen und Trinken hält Leib und Seele zusammen`. Ich bin dem Herrgott dankbar, dass ich hier leben darf und das hoffentlich noch lange".

Manfred Gniffke

Schlemmen in der Koblenzer Altstadt – kein Problem! wie ***Angelika Reinemann-Klees*** versichert.

„Die Koblenzer Altstadt – ein Ziel für Feinschmecker? Klare Antwort: Ja! Denn hier gibt es nicht nur viel Historie zu entdecken, sondern auch eine kulinarische Vielfalt, die keinen Vergleich scheuen muss.
Diese Begeisterung für Gaumenfreuden hat ihren Niederschlag in vielen ortstypischen Gerichten gefunden: köstlich etwa der Sauerbraten mit Klößen, lecker das etwas deftigere ´Himmel un Erd`(gebratene Blut- und Leberwurstscheiben mit Kartoffelpüree, Apfelkraut und kross gerösteten Zwiebelringen) oder der ´Debbekoche` – auch als Martinsgans des kleinen Mannes bekannt – eine überaus sättigende Mahlzeit aus geriebenen Kartoffeln und Schinkenspeck (siehe Rezept). Wer diese Gerichte, die man auf der Speisekarte fast aller gutbürgerlichen Lokale und Bierhäuser in Koblenz findet, bereits kennt, weiß, wie gut sie schmecken. Wer sie noch nicht probiert hat, sollte es unbedingt nachholen.
Mindestens ebenso typisch sind allerlei Köstlichkeiten rund um den Fisch. Man lebt an zwei großen Flüssen und hat so zu deren schwimmenden Bewohnern schon immer eine ganz besonders enge Beziehung gepflegt. Fischliebhaber sind hier also goldrichtig. Wer die kulinarische Seite von Koblenz ausführlicher entdecken will, findet aber weit mehr als die bodenständige re-

gionale Küche. Auf übersichtlichem Raum kann man hier quasi eine Reise durch alle Herren Länder machen. Auch dies hat durchaus historische Gründe. Der Rhein und die Mosel als Wasserstraßen verbindet die Stadt seit fast zweitausend Jahren mit der Welt, so dass Einflüsse, auch kulinarischer Art, schneller hierher gelangten als in die Provinz. Die Römer taten ein Weiteres und brachten – ewig sei ihnen gedankt! – den Wein und ihre legitimen Nachfolger. Die Italiener machten uns mit Pizza, Pasta & Co. bekannt. Auch die Tatsache, dass die Stadt am Zusammenfluss von Rhein und Mosel zeitweise von den Franzosen regiert wurde, blieb nicht ohne Folgen. Die Koblenzer, von jeher nicht nur ein lustiges, sondern auch ein allem Fremden aufgeschlossenes Völkchen, nahmen all diese Einflüsse begeistert auf und integrierten sie kurzerhand in ihren Speiseplan. Ob bürgerliche Bierstube oder Restaurant mit gehobener Küche, Eissalon oder Szene-Bistro und vieles mehr – in der Koblenzer Altstadt kommt jeder auf seinen Geschmack! Und das darf absolut wörtlich genommen werden.
Bei den Zutaten kann man in der Region aus dem Vollen schöpfen: Den Wein hat man vor der Haustür, berühmte Sektkellereien haben ihren Sitz in Koblenz und sorgen für prickelndes Vergnügen, und Fisch aus dem Rhein kann man inzwischen wieder guten Gewissens empfehlen.
Daneben bieten die Höhenregionen links und rechts der Flüsse, die zum Teil noch landwirtschaftlich geprägt sind, Fleisch, Obst und Gemüse in hervorragender Qualität. Aus den waldreichen Gebieten kommt auch Wildbret frisch auf den Tisch. Eigentlich bedarf es keiner besonderen Erwähnung, dass die hiesigen Gastronomen erfahren im Umgang auch mit anspruchsvoller Kundschaft sind. ´Der Kunde ist König!` lautet denn auch ihr selbst verordnetes Credo. Spezielle Kinderteller sind ebenso selbstverständlich wie seniorengerechte Speisen. Was Besucher dieser Stadt immer wieder begeistert, ist die Vielzahl an Restaurants und Gaststätten in der Koblenzer Altstadt, die ihre Kunden bei schönem Wetter im Freien bewirten. So bekommt der Speisende – ganz ohne Extrakosten – zum leckeren Essen gleich die Aussicht auf altehrwürdige Gebäude, oder auch nur auf die immer wieder anregende Mischung aus vorüberziehenden Passanten geliefert. In solchen Momenten versteht man, warum es die Römer einst an den Rhein zog, denn dann ist der Unterschied zu einer Pizza in mediterranen Gefilden nicht mehr groß."

Debbekoche

nach Harald Watterich,
Verleger TOP-Magazin Koblenz

Für etwa 12 Portionen

5 kg	Kartoffeln
5	große Zwiebeln
1 kg	Dörrfleisch (geräucherter Bauchspeck)
10	Eier
	Salz, frisch gem. Pfeffer, abgeriebene Muskatnuss

1 Die Kartoffeln waschen und schälen. Die Zwiebeln abziehen. Beides am Besten in der Küchenmaschine mit feiner Scheibe sehr breiig raspeln. Das Dörrfleisch würfeln, in einer Pfanne auslassen und zusammen mit der Kartoffel-Zwiebelmasse in eine große Schüssel geben. Die Eier aufschlagen und zufügen, gut mit Salz, Pfeffer und Muskatnuss würzen.

2 Den Backofen auf 200° C vorheizen. Einen Bräter oder auch eine große Paellapfanne mit Öl ausstreichen. Die Masse einfüllen und im Backofen ca. 50 Minuten garen, bis die Kruste richtig schön kross ist.

Zwiebelkuchen
auf meine Art

Für 1 Quicheform von 26 cm Durchmesser

Für den Hefemürbeteig

220 g	Dinkelvollkornmehl
90 g	Butter
20 g	frische Hefe
3 EL	Milch
1	Ei
1 Msp.	Salz

Für den Belag

750 g	Zwiebeln
1	Knoblauchzehe
90 g	Käse, vorzugsweise Emmentaler
3 EL	Sonnenblumen- oder Raps- oder Olivenöl
150 ml	trockener Weißwein von der Mosel
50 ml	gut gewürzte Gemüsebrühe
125 g	roher Schinken, gewürfelt
	Salz
	frisch gem. schwarzer Pfeffer
1/2 TL	Currypulver
	abgeriebene Muskatnuss
1 TL	Kümmel
	Butter und Mehl für die Form

1 Das Mehl auf die Arbeitsfläche sieben. Die Butter in kleine Stücke schneiden und mit dem Mehl abbröseln. Eine Mulde formen. Die Hefe hineingeben. Milch, Ei und Salz zufügen und alles vermischen. Kneten und den Teig abgedeckt 1 Stunde ruhen lassen.

2 Inzwischen die Zwiebeln und die Knoblauchzehe abziehen. Die Zwiebeln halbieren und in dünne Halbringe schneiden. Die Knoblauchzehe fein hacken. Den Käse reiben.

3 Das Öl in einer großen Pfanne erhitzen. Die Zwiebeln darin bei kleiner Hitze andünsten, ohne sie Farbe nehmen zu lassen. Den Knoblauch zufügen. Mit Weißwein und Gemüsebrühe ablöschen und weitergaren, bis die Zwiebeln weich sind. Die Flüssigkeit sollte vollständig verdampft sein. Die Zwiebeln vom Herd nehmen. Den Schinken zufügen. Mit Salz, Pfeffer, Curry, Muskatnuss und Kümmel würzen.

4 Den Backofen auf 190 °C vorheizen. Die Quicheform mit Butter einfetten und mit Mehl bestäuben; überschüssiges Mehl ausklopfen.

5 Den Teig am besten auf Backpapier ausrollen und die Form damit auslegen, dabei einen Rand hochziehen.

6 Nun den Guss herstellen; währenddessen kann der Teig in der Form nochmals etwas aufgehen. Die Eier mit Crème fraîche verrühren und den Käse zufügen. Mit Pfeffer und wenig Salz würzen, da der Schinken genug Würze hat.

7 Die Zwiebel-Schinkenmasse auf dem Teigboden verteilen und die Sahne-Käse-Mischung darüber gießen. Den Zwiebelkuchen im Backofen auf der zweiten Einschubleiste von unten 38-40 Minuten backen.

Tipp: Zum Federweißen oder Beaujolais Primeur ein wahrer Genuss.

Quarkcreme
mit Weinbergpfirsichen

Für etwa 6 Gläser

800 g	Weinbergpfirsiche
400 g	Gelierzucker 1:2
2-3	Sternanis
1 kleine	Zimtstange
3 Blatt	weiße Gelatine
200 ml	Sahne
300 g	Quark, 20 % Fettgehalt
100 g	feiner Zucker
etwa 6	Minzblättchen

1 Die Weinbergpfirsiche mit kochendem Wasser überbrühen, häuten und vom Stein befreien. Das Fruchtfleisch etwas zerkleinern, mit dem Gelierzucker und den Gewürzen in einen Topf geben. Nach Vorschrift des Herstellers etwa 3 Minuten kochen. Sternanis und Zimtstange entfernen.

2 Die Gelatine in kaltem Wasser einweichen. Die Hälfte der Sahne in einem kleinen Topf leicht erwärmen. Die Gelatine ausdrücken und in der Sahne auflösen. Auf keinen Fall stark erhitzen, sonst verliert die Gelatine ihre Bindefähigkeit. Den Quark mit 80 g Zucker verrühren und etwas von dem Quark in die Sahne-Gelatinemasse geben. Nun alles verrühren.

3 Die Kelchgläser schichtweise mit Quark und Weinbergpfirsichmasse füllen und kühl stellen. Die restliche Sahne mit dem restlichen Zucker steif schlagen und vor dem Servieren damit garnieren. Nach Belieben noch mit einem Minzblättchen krönen.

In der Neustadt nicht weit vom Schloss entfernt, auf dem Deinhardplatz, steht das Stammhaus Deinhard. 1794 als Weinhandelshaus erbaut, galt das Unternehmen schon bald als eines der führenden Häuser in Deutschland. 1843 wurde mit der Herstellung von Sekt begonnen. Zu allen Zeiten legte man bei der Herstellung auf Qualität und Tradition großen Wert. Im neu eröffneten Restaurant Deinhard's werden zu einer großen Auswahl exklusiver Getränke kulinarische regionale und französische Köstlichkeiten geboten. Dem im Stammhaus integrierten Restaurant ist eine gemütliche Außenterrasse vorgelagert.
Das Deinhard-Kellermuseum kann unter fachkundiger Führung besichtigt werden.

Deinhard's Restaurant

mit Kellermuseum, Deinhardplatz 3
56068 Koblenz
Tel. 0261 9144567

Hier ein kulinarischer Gruß von ***Jean-Luc Mundel***, F&B-Manager:

Kleiner Topf von *Moselzander* *mit Pfifferlingen* *in Layer-Rieslingsauce*

1,3 kg	ausgenommener Zander (Filet ca. 650 g, Karkassen – Gräten, Kopf und Haut – ca. 650 g)
150 g	frische Pfifferlinge
100 g	Schalotten
200 g	weißes Gemüse (Lauch, Petersilienwurzel, Fenchel mit Grün)
100 g	Butter
	Salz
1-2 Msp.	getr. Thymian
300 ml	trockener Layer-Riesling
1-2	Petersilienstängel
1	Zweig frischer Thymian
300 ml	Sahne
1	Scheibe unbehandelte Zitrone
	frisch gem. weißer Pfeffer
	Kerbel für die Garnitur

1 Den Zander schuppen und unter fließendem Wasser innen und außen sorgfältig waschen. Die beiden Filets heraustrennen (filetieren) und diese von restlichen Gräten und Haut befreien. Die Gräten klein schneiden und wässern. Die Filets in dünne Scheiben schneiden und leicht salzen. Die Pfifferlinge putzen und sorgfältig waschen. Die Schalotten abziehen. Die Hälfte würfeln und die andere Hälfte in Ringe schneiden. Das weiße Gemüse waschen und in Streifen schneiden.

2 50 g Butter in einer Pfanne erhitzen und die Schalottenwürfel darin kurz schwenken. Die Pfifferlinge zufügen und kurz garen. Mit Salz und Thymian würzen. Die gegarten Pfifferlinge gut abtropfen lassen und den Sud aufbewahren. 40 g Butter in einem Topf zum Schmelzen bringen und die Schalottenringe sowie das weiße Gemüse darin anschwitzen. Das Grün vom Fenchel aufbewahren. Die gewässerten abgetropften Gräten ebenfalls kurz mit anschwitzen. Mit dem Riesling ablöschen und kurz einkochen lassen. Mit 1 Liter kaltem Wasser auffüllen, leicht salzen und bei kleiner Hitze zum Kochen bringen. Sobald der Sud kocht, den Topf kurz zur Seite ziehen und alle an der Oberfläche schwimmenden Trübstoffe abschöpfen. Petersilienstängel, Thymianzweig, das Grüne vom Fenchel und die Zitronenscheibe in den Sud geben. Die Zutaten so lange in dem Sud ziehen lassen, bis dieser abgekühlt ist. Den Sud vorsichtig durch ein feines Sieb gießen.

3 Den Sud mit Pfifferlingsfond in einen Topf geben und um die Hälfte einkochen lassen. Den Backofen auf 80° C vorheizen. Ein Backblech mit Butter ausstreichen. Zanderfilets mit Pfifferlingen auf das Blech geben und etwas Sud angießen. Mit Aluminiumfolie abdecken und 3 Minuten in den Backofen geben. Inzwischen die Sahne schlagen, mit dem eingekochten Sud vermischen, salzen und pfeffern.

4 Die Zanderfilets mit Pfifferlingen aus dem Backofen nehmen. Auf vorgewärmte tiefe Teller die Zanderfilets und einige Pfifferlinge verteilen. Die Sauce vorsichtig dazugeben. Die restlichen Pfifferlinge dekorativ anrichten. Mit den Kerbelblättchen garniert servieren.

Tipp: Als Beilage frische Bandnudeln reichen und den gleichen guten Riesling, der zum Kochen genommen wurde.

Heute ist Koblenz eine Großstadt. Zahlreiche Baudenkmäler, Kirchen, Burgen, Befestigungsanlagen vermitteln anschaulich die wechselvolle Geschichte. Um Koblenz mit seinen Sehenswürdigkeiten kennen zu lernen, empfiehlt sich ein Rundgang, der am Zusammenfluss von Mosel und Rhein, am Deutschen Eck, beginnen könnte. Dieser Platz erhielt den Namen von der 1216 errichteten Niederlassung des Deutschen Ordens. In preußischer Zeit wurde durch Anschüttung die heutige Landzunge geschaffen, auf der 1897 ein Denkmal mit dem Reiterstandbild Kaiser Wilhelm I. errichtet wurde. Das Original wurde Ende des letzten Krieges zerstört und 1993 durch eine Nachbildung ersetzt.

Das nur wenige Schritte entfernt liegende Komturhaus des Deutschen Ordens beherbergt seit 1992 das Ludwig-Museum mit Exponaten zeitgenössischer, vornehmlich französischer Kunst. Die Werke sind eine Stiftung des in Koblenz geborenen Aachener Schokoladenfabrikanten Peter Ludwig.

Angrenzend erhebt sich die spätromanische Basilika St. Kastor. Hier fanden im Jahre 842 n. Chr. die Vorverhandlungen der Gesandten der Söhne Ludwigs des Frommen statt, die ein Jahr später im Vertrag von Verdun zur Teilung des fränkischen Reiches führten. Im 12. Jahrhundert entstand der romanische Ostchor der Kirche und im 15. Jahrhundert das spätgotische Netzgewölbe. Der Brunnen auf dem Vorplatz trägt kuriose Inschriften, die auf Siege und Niederlagen Napoleons anspielen.

Den Rundgang setzt man am besten am Moselufer fort. Zwischen Rosenbeeten steht ein Denkmal der neuen Geschichte, zur Erinnerung an den aus Koblenz stammenden Dr. Peter Altmeier, der von 1947 bis 1969 Ministerpräsident des Landes Rheinland-Pfalz war und sich entscheidend für den Zusammenschluss der drei westlichen Besatzungszonen zur Bundesrepublik Deutschland eingesetzt hat.

Etwas weiter fällt ein wohnturmartiges Haus auf – der Deutsche Kaiser –, der alle Kriegszerstörungen heil überstanden hat. Anfang des 16. Jahrhunderts wurde es für den Koblenzer Schöffen und Münzmeister Konrad von Lengenfeld erbaut und beherbergt heute im Erdgeschoss eine Gaststätte mit spätgotischen Gewölben.

Die Florinskirche, eine dreischiffige romanische Pfeilerbasilika, mit ihrem doppeltürmigen Westwerk, war geistiges Zentrum eines bedeutenden Stifts. Der berühmte Humanist Nicolaus Cusanus war hier von 1427 bis 1435 als Dekan tätig. Zu seiner Erinnerung ist jetzt eine Stele auf dem Platz vor der Kirche eingeweiht worden. Letztere wurde 1818 unter dem Preußenkönig Friedrich Wilhelm III. evangelische Kirche.
Der Florinsmarkt wird zum Moselufer hin begrenzt durch das alte Kauf- und Danzhaus von 1425. Es diente von 1674 bis 1792 als Rathaus. Heute ist hier das Mittelrhein-Museum untergebracht. Es zeigt Gemälde und Skulpturen von der Gotik bis zur Gegenwart. Besonders interessant sind die Werke der Koblenzer Maler des 19. Jahrhunderts, einiger Rhein- und Moselromantiker sowie Kirchenmaler.
Unter der Uhr über dem Hauptportal sieht man das Kopfbild eines Ritters, des so genannten Augenrollers. Es soll sich bei ihm um den Raubritter Johann Lutter von Kobern handeln, der 1536 auf dem Florinsmarkt, schuldig oder nicht schuldig, enthauptet wurde.
Das angrenzende Schöffenhaus von 1535 mit seinem schönen gotischen Erker an der Rückseite ist ein Zeugnis aufstrebender städtischer Selbstverwaltung. Auf der anderen Seite steht der Bürresheimer Hof, erbaut 1659 und seit 1714 Adelssitz derer von Breidbach-Bürresheim und der von 1851 bis zum 9.11.1938 als Synagoge benutzt wurde. Heute befinden sich in den Räumen Teile der Stadtbücherei. Ebenfalls am Moselufer erhebt sich trutzig die so genannte Alte Burg, die Heinrich von Finstingen, Erzbischof von Trier, im 13. Jahrhundert gegen die nach Selbstständigkeit strebenden Koblenzer Bürger errichten ließ.

Etwas flussaufwärts von der Stelle, an der die Römer bereits eine Pfahlbrücke über die Mosel gespannt hatten, ließ Mitte des 14. Jahrhunderts Erzbischof und Kurfürst Balduin eine steinerne Brücke errichten. An ihn erinnert eine Steinfigur in der Mitte der Brücke. Von hier aus kann man die Skyline von Koblenz von der Altstadt bis hin zur Festung Ehrenbreitstein genießen.
Der Münzplatz mit der Alten Münze von 1763 und dem Metternicher Hof bis zur spätromanischen Liebfrauenkirche bilden das Zentrum der Altstadt.
Der Vorgängerbau der Liebfrauenkirche ist seit dem 5. Jahrhundert nachweisbar und somit die Koblenzer Urpfarrkirche. Einige schmale Gassen, die Gemüse-, Mehl-, Florinspfaffen- und Kornpfortstraße lassen mit ihren schönen Häusern ein mittelalterliches Flair wieder aufleben.
Nur ein paar Schritte sind es bis zum Plan, einem weiteren Platz der Altstadt. Einst Turnierplatz, Fleischmarkt und Kommunikationszentrum, erfreut er sich heute noch großer Beliebtheit. Nach einem Einkaufsbummel laden Restaurants und Cafés mit Plätzen im Freien zum Verweilen ein. Das Wirtshaus Alt Coblenz in einem historischen Gebäude von 1779 war einst Wohnsitz des Bischofs von Verdun. Ein ebenerdiger Gastraum und ein großer Gewölbekeller darunter präsentieren sich rustikal im Kerzenschein. Vor der alten Eichentür auf dem Plan befindet sich ein mit wild romantischer Bepflanzung eingerichteter Biergarten – hier darf aber auch Wein verkostet werden.

Riesling-Steak vom Schwein

4	Steaks vom Schweinerücken ohne Fett
3	Zwiebeln
7 EL	Olivenöl
1/4 l	Mosel-Riesling
1/8 l	Fleischbrühe
1	Lorbeerblatt
6	Wacholderbeeren
	Salz, Pfeffer, Majoran
100 ml	Sahne
1 EL	Butter und 1 EL Mehl (Mehlbutter)

1 Die Steaks waschen und trocken tupfen. Die Zwiebeln abziehen und in Ringe schneiden.

2 In einer Pfanne die Hälfte des Olivenöls erhitzen und die Zwiebeln darin andünsten. Mit Riesling und Fleischbrühe ablöschen. Kräuter und Gewürze zufügen, die Sahne angießen. Nach Belieben mit Mehlbutter binden. Dazu Butter und Mehl verkneten, in die Sauce geben.

3 Parallel dazu in einer zweiten Pfanne das restliche Olivenöl erhitzen. Die Steaks beidseitig braten, mit der Zwiebelsauce servieren.

Wirtshaus Alt Coblenz
Joe Wilbert Gastro GmbH
Am Plan 13, D-56068 Koblenz
Tel. 0261 160656

Der Brunnen in der Mitte des Platzes erinnert an den Bau der ersten Wasserleitung der Neuzeit zum Ende des 18. Jahrhunderts. Eine lebhafte Bummel- und Einkaufsstraße ist die Löhrstraße. Interessant und hübsch anzusehen sind die so genannten Vier Türme. Vier Eckhäuser mit schön verzierten Erkern bilden die Kreuzung der Marktstraße und Altengraben.
Ein weiterer Platz mit historischem Ambiente ist der *Jesuitenplatz*, wo sich der Jesuitenorden 1580 an der Stelle des alten Zisterzienserinnenklosters In der Lehr niederließ. Die *Jesuitenkirche* von 1617 als Säulenbasilika mit Gewölbe wurde nach der Zerstörung 1944 wieder im alten Rennaissancestil aufgebaut. Der *Schängelbrunnen* gibt dem Platz Lebensfreude. Der Schängel, ein Koblenzer Lausbub, prustet alle drei Minuten dem ahnungslosen Betrachter Wasser entgegen.
Das *kurfürstliche Schloss* ließ der letzte Trierer Kurfürst und Erzbischof Clemens Wenzeslaus 1786 im Stil des französischen Klassizismus erbauen. Doch kurze Zeit später musste er vor den französischen Revolutionstruppen fliehen. Nach dem französischen Präfekten wurde das Schloss Sitz der preußischen Provinzialregierung. 1944 ausgebrannt, wurde es 1950 wieder aufgebaut. An jedem ersten Sonntag im Mai findet hier die viel beachtete Veranstaltung „Wein im Schloss" statt. Im 18. Jahrhundert wurde mit dem Schloss, das außerhalb der mittelalterlichen Altstadt liegen sollte, die so genannte Clemensstadt/Neustadt geplant. Das Theater im klassizistischen Stil stammt aus dieser Zeit. Der Clemensbrunnen, der ursprünglich in der Mitte des Clemensplatzes stand, ist ein Geschenk des Kurfürsten an die Bürger; er befindet sich heute direkt vor dem Theater.

Nach einem Gang durch die Altstadt sollten Sie sich einen das Ganze abrundenden Besuch im Weinhaus Hubertus, einem alten Fachwerkhaus am Florinsmarkt, gönnen. Der Schöffe und Doctor juris Johannes Aach ließ das Haus 1689 errichten. Es hat viel zu erzählen. Seit Januar 1999 steht das bekannte und beliebte Weinhaus unter Leitung des Ehepaares Karin und Dieter Spahl. Die Holztäfelung, die alten Zunftwappen – das alles trägt zu einer urgemütlichen Atmosphäre bei. Weinkeller und Küche halten, was sie versprechen. Die umfangreiche Weinkarte hält edle Tropfen bereit. Auf der gut sortierten Speisekarte findet man unter anderem regional typische und hausgemachte Speisen, dazu kleine leckere Desserts.

Weinhaus Hubertus
Florinsmarkt 6, D-56068 Koblenz
Tel. 0261 31177, Fax 0261 1004919

Rosa gebratener Lammrücken unter der Kräuterkruste auf Kartoffel-Kürbis-Ragout mit frischer Minze

4 Stück	Lammrücken zu je 180g

Für die Kräuterkruste

1/2 Bd.	Petersilie
4 Zweige	Rosmarin
4 Zweige	Thymian
1	Schalotte
1	Knoblauchzehe
100 g	geriebenes Weißbrot
50 g	Butter
	Salz, frisch gem. Pfeffer
4 EL	Olivenöl zum Braten

Für das Kartoffel-Kürbis-Ragout

400 g	fest kochende Kartoffeln
400 g	Hokkaido-Kürbis
1/2 Bd.	frische Minze
5 EL	Olivenöl
	Salz, frisch gem. Pfeffer
30 ml	Weißweinessig
2 EL	Honig
80-100 ml	Sahne

1 Die Kräuterkruste zuerst zubereiten. Dazu die Kräuter waschen, trocken tupfen, die Blättchen bzw. Nadeln von den Stielen zupfen und hacken. Die Schalotte und die Knoblauchzehe abziehen. Die Schalotte würfeln und die Knoblauchzehe zerdrücken. Alle Zutaten mit Weißbrot und Butter gut vermischen, salzen und pfeffern. Für mindestens 1 1/2 Std. in den Kühlschrank legen.

2 Den Backofen auf 180° C vorheizen. Das Olivenöl in einer Pfanne erhitzen. Die Lammrückenstücke darin scharf anbraten und mind. 10 Minuten ruhen lassen. Jedes Fleischstück mit je 2 Scheiben Kräutermasse belegen und im Backofen ca. 10 Min. braten.

3 Für das Kartoffel-Kürbis-Ragout die Kartoffeln und den Kürbis schälen, in gleichmäßige Stücke schneiden und blanchieren. Die Minze waschen und hacken. Das Olivenöl in einem Topf erhitzen. Kartoffeln und Kürbis darin anbraten, salzen, pfeffern und mit dem Essig ablöschen. Honig und Minze zufügen, die Sahne angießen und ein wenig einkochen.

4 Kartoffel-Kürbis-Ragout in der Mitte des Tellers anrichten.
Lammrücken in Scheiben schneiden und darauf setzen, zügig servieren, da sonst die Minze grau und bitter wird.

Den Stadtteil *Ehrenbreitstein* erreicht man am besten mit einer Personenfähre von der Anlegestelle Konrad-Adenauer-Ufer in der Nähe des Kran- bzw. Pegelhauses. Ehrenbreitstein war ehemals kurfürstliche Residenz, bis in Koblenz das Schloss erbaut wurde. Von der Residenz steht noch das Kurfürstliche Verwaltungsgebäude von 1739 der beiden Baumeister Balthasar Neumann und Johannes Seiz. Im Ort wurde 1975 im Geburtshaus der Mutter Ludwig van Beethovens, Maria Magdalena geb. Keverich, die von 1746 bis 1787 lebte, eine Gedenkstätte eingerichtet mit vielen interessanten Dokumenten. Sie ist die größte private Sammlung der Welt über den Komponisten. Sie ist Eigentum der Koblenzer „Geheimrat-Julius-Wegeler-Stiftung".

Als wuchtige Kulisse erhebt sich hinter dem Ort die Festung Ehrenbreitstein. Auf der 118 Meter hohen Schieferbergkuppe wurde um 1000 n. Chr. die erste Burganlage errichtet. Im Laufe der Zeit entstand daraus eine Festung, die 1801 von den Franzosen gesprengt wurde. Die jetzigen klassizistischen Festungsbauten ließ Preußen 1817-1832 errichten. Allein schon der Ausblick auf den Zusammenfluss von Mosel und Rhein sowie Koblenz, Hunsrück und Eifel lohnt den Aufstieg, ob zu Fuß oder mit der Sesselbahn. Von hier oben aus wird alljährlich am zweiten Wochenende im August das spektakuläre Feuerwerk zu der Veranstaltung „Rhein in Flammen" abgeschossen. Klassische Open-Air-Konzerte finden sowohl auf der Festung Ehrenbreitstein als auch vor dem Kurfürstlichen Schloss in Koblenz statt.

So schön ist der Blick von der Festung Ehrenbreitstein auf die Mündung der Mosel in den Rhein:

Mit den Weinheiligen durch das Winzerjahr - entlang der Mosel

Ein abschließender Gedanke von Kalle Grundmann, Theologe und Weinerlebnisbegleiter

An der Mosel – wie in anderen Weinbauregionen – werden seit alters her Heilige besonders verehrt. Nicht nur in den Kirchen, sondern auch in Häusernischen und Heiligenhäuschen mitten in den Weinbergen finden sich ihre Statuen. Jedes Dorf hat seinen Ortsheiligen, nach dem die Kirche benannt ist und an dessen Namenstag die Kirmes gefeiert wird. Früher wurde der Verlauf des Jahres nach den Gedenktagen der Heiligen eingeteilt. Sie waren tägliche Lebensbegleiter. Die Menschen wandten sich in ihren Nöten und Sorgen an sie. Besonders beliebt waren an der Mosel natürlich die so genannten Weinheiligen. Der Wein ist das Produkt mit den meisten Schutzpatronen, rund siebzig Heilige sollen für ihn zuständig sein. Dabei sind die Wege, wie ein normaler Heiliger zum Weinheiligen wurde, recht vielfältig und für uns heute nicht immer so leicht nachvollziehbar. So sind Märtyrer geradezu prädestiniert als Weinheilige. Begründung: Sie haben ihr Blut für Christus geopfert, wie die Traube ihren Saft für den Wein opfern muss. Man denke hierbei an die schöne Darstellung von Christus in der Kelter in Ediger. Schnell wurde einer zum Weinheiligen, wenn in seinem Leben bzw. seinen Legenden Wein in irgendeiner Weise eine Rolle gespielt hat. Häufig wurde auch einfach der Heilige zum Weinheiligen, dessen Namenstag im Verlauf des Winzerjahres ein besonderer Tag war. Mit den Gedenktagen der Heiligen wurden oft auch Wetterregeln und Bauernsprüche, oder besser gesagt „Winzersprüche" verbunden. Diese sollten durchs Winzerjahr führen, wobei wir im Frühling beginnen und im Winter enden.

25. März

„Maria bindet Reben auf, und nimmt noch leichten Frost in Kauf"

Bis Ende März sollten die Reben gebunden sein, bevor im April der Austrieb beginnt, denn in dieser Zeit kann natürlich noch mit einigen Frösten gerechnet werden.

Maria ist selbstverständlich eine Weinheilige, man denke nur an die vielen Traubenmadonnen. Das sind Mariendarstellungen, auf denen Maria oder der kleine Jesus auf ihrem Schoß Trauben in den Händen hält. Am 25. März feiert man das Fest Mariä Verkündigung, den Tag, an dem der Erzengel Gabriel Maria die Botschaft brachte, dass sie ein Kind bekommen werde. Das war der Beginn der Erlösung.
Folgerichtig hat lange Zeit (vom 13. bis ins 17. Jahrhundert) im Erzbistum Trier, aber auch in anderen Gegenden Europas, an diesem Tag das neue Jahr begonnen. Denn nicht erst mit der Geburt, sondern mit der Zeugung ist der Gottessohn in die Welt gekommen. Auf diese Trierer Sitte weisen heute noch Grabsteine im Trierer Dom hin, auf denen die Jahreszahlen mit dem Zusatz „More Trev. (Treverensi)" zu deutsch: nach Trierer Brauch verzeichnet sind. Karl Christoffel hat hierzu ein schönes Scherzgedicht verfasst:

Entschlief im kurfürstlichen Staat
ein Domherr oder ein Prälat,
beklagt im Dom sein Tafelbild,
dass er den Erdenlauf erfüllt.
Der Abschiedstag, so steht da auch;
verzeichnet sei nach Trierer Brauch,
denn anders hier als anderwärts
begann das neue Jahr im März.
Doch mit der Zeit, die viel entrafft,
der Inschrift Sinn wird rätselhaft.
Und mancher sich den Kopf zerbrach,
was Trierer Brauch bedeuten mag,
bis endlich einer kam darauf,
dem plötzlich ging ein Lichtlein auf:
Ich hab's, der in die Gruft da sank,
auf Trierer Art zu Tod sich trank.

Zu Mariä Verkündigung lässt sich gut ein Wein vom ersten Weinberg der Mosel trinken, dem

Marienberg. Er liegt zwischen den beiden Koblenzer Vororten Metternich und Güls. Von Trier aus gesehen ist es natürlich der letzte Weinberg, bevor die Mosel fünf Kilometer weiter am Deutschen Eck in den Rhein fließt, da man aber bei der Mosel die Stromkilometer ab der Mündung misst, kann man auch getrost vom ersten Weinberg der Mosel sprechen. Der Name des Weinbergs kommt vom Kloster Marienstatt im Westerwald, dem lange Zeit dieser Berg gehörte. Heute ist die Lage zu neunzig Prozent im Besitz des Weinguts Schwaab. Hier wird der Wein in einem romantischen Felsenkeller ausgebaut, in dem man den Schieferfels des Marienberges bewundern kann.

23. April

„Was bis Georgi die Reben treiben, wird ihnen nicht bis Gallus bleiben."

Mitte bis Ende April beginnt der Austrieb der Reben. Die Rebstöcke, die jetzt schon ausgetrieben haben, werden nochmals vom Frost überrascht und bleiben daher nicht bis zur Ernte, dem 16. Oktober, dem Tag des Heiligen Gallus bestehen.

Der Heilige Georg ist um 280 n. Chr. in Kappadozien geboren. Er war zuerst unter Kaiser Diokletian höherer Offizier, fiel aber in Ungnade, da er sich gegen die Christenverfolgung sträubte. Er wurde dann selbst 303/04 n. Chr. enthauptet. Er gilt als Bezwinger des Teufels in Drachengestalt

und wurde in dieser Rolle bekannt. In der Legenda aurea, einer großen mittelalterlichen Sammlung von Heiligenlegenden, sind auch Weinwunder von ihm überliefert. Mehrmals musste er vergifteten Wein trinken, überlebte aber, da er über dem vergifteten Wein das Kreuzzeichen schlug. Man kann hier von einer klassischen Wanderlegende sprechen, da diese Geschichte von verschiedenen Heiligen berichtet wird.
An der Mosel wird der Heilige Georg besonders in Kesten (bei Brauneberg) und Irsch bei Trier verehrt, dort ist er nämlich der Ortsheilige. Bis 1971 gab es in Irsch auch noch eine nach ihm benannte Weinlage.

25. Mai

„Das Wetter das St. Urban hat, auch in der Lese findet statt."

Der Heilige Urban ist der Primus inter Pares unter den Weinheiligen. Für viele ist er der Weinheilige schlechthin. In allen Weingebieten wird er verehrt, viele Weinbruderschaften tragen seinen Namen.
Dabei verschmelzen in der Volksfrömmigkeit die Geschichten zwei verschiedener Urbani. Da ist zunächst einmal Papst Urban I. (Pontifikat 222- 230 n. Chr.), dessen Namenstag auch am 25. Mai gefeiert wird. In seinem Leben gibt es keine direkte Verbindung zum Wein. Aber er soll angeordnet haben, dass Kelch und Patene immer aus Silber oder Gold gefertigt sein müssen. Daher wurde er häufig mit einem Kelch dargestellt und damit war er für die Winzer der ideale Weinheilige. Der zweite wichtige heilige Urban war Bischof von Langres und lebte im 4./5. Jahrhundert. Er soll sich vor seinen Verfolgern hinter einem Weinstock versteckt haben und wird deshalb gerne mit einem Weinstock oder einer Traube abgebildet. In der Volksfrömmigkeit werden die beiden Personen nicht immer exakt auseinander gehalten, so gibt es Darstellungen des Heiligen Urban, bei denen der Papst Urban I. eine Traube in der Hand hat, oder sich an einen Weinstock lehnt, genau so wie es Darstellungen gibt, bei denen der Bischof Urban einen Kelch in der Hand hält.
Zur besonderen Verehrung des Urban als Weinheiliger trug sicherlich auch bei, dass an seinem Tag, dem 25. Mai, häufig auch Zahltag war. Ende Mai waren die Frühjahrsarbeiten im Weinberg getan, die Wingertsleute wurden nun von den Weinbergbesitzern für ihre Arbeit bezahlt. Und Zahltag war immer auch Feiertag. Häufig wurden die Figuren des Heiligen Urban in Prozessionen durch den Ort und auch in die Weinberge getragen. Jedoch nahm man es dem Heiligen übel, wenn an diesem Tag schlechtes Wetter herrschte, denn niemand feiert schon gern im Regen. Zur Bestrafung stellte man dann seine Figur ins Wasser.

„Scheint die Sonne schön und hell
am St. Urbanstag,
so gibt es guten Wein,
wie laut der Alten Sag.
Ist aber Regen dann,
so bringt`s den Reben Schaden.
Daher Urbani Bild
muss in dem Brunnen baden."

So wichtig der Heilige Urban als Weinheiliger auch ist, so ist doch kein einziger Weinberg nach ihm benannt, auch ist er in keiner der ca. 140 katholischen Pfarrgemeinden im Weinbaugebiet Mosel-Saar-Ruwer der Pfarrpatron. Trotzdem lässt sich an der Mosel auch ein Urbanswein trinken. Denn in Leiwen gibt es den St. Urbanshof. Das Weingut verfügt über bekannte Weinlagen an Mosel und Saar, z.B. Leiwener Laurentiuslay, Piesporter Goldtröpfchen oder Ockfener Bockstein. Das Weingut ist Mitglied im VDP und zählt seit Jahren zu den besten Weingütern Deutschlands.

24. Juni, 29. Juni und 13. Juli

„Johanniblut tut immer gut, Petriblut tut auch noch gut, aber Margaretenblut tut selten gut."

Nachdem die Reben ausgetrieben haben, kommt die wichtige und sensible Zeit der Blüte (im o.g. Spruch ist mit Blut die Blüte gemeint). Die Blüte darf nicht zu lange auf sich warten lassen, denn dann kann die Reife erst später einsetzen und gerade für den Riesling ist eine lange Reifezeit wichtig. Treibt die Blüte um den Johannestag (24. Juni), liegen wir gut im Jahresverlauf, auch wenn die Reben erst um den Tag des Heiligen Petrus (29. Juni) blühen, ist noch nicht alles verloren. Aber wenn die Blüte sich bis zum Tag der Heiligen Margareta (13. Juli) hinzieht, sieht es schlecht aus für einen guten Wein. In den bisherigen guten Jahren des 3. Jahrtausends hatten wir in der Regel „Johanniblut".
Es gibt viele Heilige mit dem Namen Johannes. Zwei sollte man sich auf alle Fälle merken, den „Sommerjohannes" und den „Winterjohannes". Der Sommerjohannes (24. Juni) ist Johannes der Täufer, beim Winterjohannes (27. Dezember) handelt es sich um Johannes, den Evangelisten. Das Weinpatronat passt nun ganz und gar nicht zur Lebensgeschichte von Johannes dem Täufer. Denn als „Stimme in der Wüste" war er ja für asketisches Leben bekannt, nach dem Markusevangelium lebte er von Heuschrecken und wildem Honig. Aber sein Festtag um die Sommerwende ist ein wichtiger Tag in der Landwirtschaft und da die Rebenblüte bei windigem und regnerischem Wetter leicht verrieseln kann, braucht man Johannes` Fürsprache für einen guten Wein.

Der Heilige Petrus genießt besondere Verehrung im Trierer Land. Er ist Schutzpatron von Trier, auf jedem Trierer Kanaldeckel ist er zu finden, und auf dem Hauptmarkt steht er auf seinem Brunnen. An seinem Namenstag (29. Juni) wird er dort mit einem Blumenstrauß geehrt, für den

eigens die Feuerwehr anrücken muss, um die erhöht stehende Statue damit zu schmücken. Auch der Trierer Dom, der älteste Dom Deutschlands, ist dem Heiligen Petrus geweiht.

Auch einige Weinlagen an der Mosel sind Petrus gewidmet. Der Trierer Petrusberg, der Neefer Petersberg und auch das Zeller Petersborner Kabertchen. Denn der Heilige Petrus ist auch der Schutzpatron von Zell, das ja mehr über die Schwarze Katz bekannt ist. Als Großlage hat die Schwarze Katz heute jedoch viel von ihrem Renommée verloren, da ist es gut, auf ein Petersborner Kabertchen umsteigen zu können, das mit seiner Steilstlage und seiner Südwest-Ausrichtung zu den Ursprungslagen der Schwarzen Katz zählt.

10. August

„Laurenz mit heißem Hauch, füllt dem Winzer Fass und Schlauch."

Im August wünscht sich der Winzer trockenes und heißes Wetter. Ein idealer Weinheiliger hierfür ist der Heilige Laurentius.

Der Heilige Laurentius war Erzdiakon unter Papst Sixtus II. (257–258 n. Chr.). Er wurde am 10. August 258 n. Chr. unter Kaiser Valerian gefoltert und dann hingerichtet. Genauer gesagt wurde er auf dem Rost verbrannt, und deshalb wird er in der Regel mit einem Rost dargestellt. Die Todesart hat ihm verschiedene Patronate eingebracht, z.B. ist er Schutzpatron der Köche, der Köhler und der Büglerinnen. Aber auch als Weinheiliger ist er ideal. Denn der Wein braucht – gerade im August – viel Sonnenschein, also Hitze und damit kennt sich der Heilige Laurentius bestens aus. „Ist Laurenzi ohne Feuer, gibt's ein dünnes Weinchen heuer", lautet deshalb eine weitere Bauernweisheit. Aber wenn am 10. August schlechtes Wetter herrscht, dann ist Laurentius so nett und feuert den nächsten Heiligen an:

„Schür Bartel, schür, in vierzehn Tagen liegt's an Dir!" Damit fordert er dann seinen heiligen Kollegen Bartholomäus (24. August) auf, sein Versagen auszubügeln. Und so ist es zumindest in den beiden Jahrgängen 2005 und 2006 gekommen, denn trotz eines kalten und verregneten Augusts wurden es gute Jahrgänge, da sich Ende August/ Anfang September das Wetter besserte und dem Wein noch viel Sonnenschein bescherte. Laurentius und Bartholomäus sei Dank!

Laurentius ist Pfarrpatron in Moselweiß, Bremm, Longuich, Waldrach, Saarburg und Liersberg. In Bremm und Saarburg sind auch Weinlagen nach ihm benannt. Die berühmteste Laurentiuslage ist aber der Leiwener und Köwericher Laurentiuslay. Nach den Klassifizierungen des VDP handelt es sich hierbei um eine „Erste Lage". Viele berühmte Weingüter bauen ihn aus, z.B. der schon erwähnte Urbanshof, das Weingut Grans-Fassian, das Weingut Heinz Schmitt und das Weingut Carl Loewen. In Trittenheim, das gegenüber von Leiwen liegt und dessen Laurentiuskapelle im Weinberg dem Laurentiuslay den Namen gab. Außerdem gibt es mit dem Laurentiushof (Weingut Milz) ebenfalls ein bekanntes Weingut, das den Namen des Heiligen trägt.

29. September

„Wenn an Michel die Schlehen blauen, muss man nach den Trauben schauen."

Ende September beginnt die Zeit der Lese, zumindest die der frühen Sorten. Der Riesling wird in der Regel erst im Oktober, je nach Witterung und Betriebsphilosophie des Winzers auch erst Ende Oktober/Anfang November, gelesen. Wobei man in früheren Jahrhunderten aus Angst vor Fäulnisbildung die Lese häufig nicht zu lange herausgezögert hat. Das Erntejahr 2006, in dem viele Winzer wegen fortschreitender Fäulnisbildung viel früher als geplant ernteten, hat gezeigt, dass dies auch heute immer mal wieder vorkommen kann.

Der Heilige Michael ist der Erste der sieben Erzengel. Er ist derjenige, der die Seligen zum Paradies geleiten wird, deshalb sind Friedhofskapellen meist dem Heiligen Michael geweiht.

Am Michaelstag ging früher häufig die Sommerzeit zu Ende, d. h. ab Michaeli wurde eine Stunde weniger draußen gearbeitet und bei der Hausarbeit durfte Licht angezündet werden. Viele Märkte und Messen fanden und finden an Michael statt.

An der Mosel ist Michael der Pfarrpatron von Alken, Merl, Kues und Piesport. Dort und für die Ortschaften Minheim, Neumagen und Trittenheim gibt es auch die Großlage Michelsberg und gleich im Anschluss von Leiwen bis Klüsserath heißt die Großlage St. Michael. Vor der Lagenreform von 1971 gab es auch noch Einzellagen, die den Namen des Heiligen trugen. Wer keinen Großlagen-Michel trinken möchte, kann auf Weine vom Erbhof St. Michael in Wintrich ausweichen.

11. November
„Auf Martini schlacht man feiste Schwein und wird der Most zu Wein."

Im November konnte man dazu übergehen, die Früchte der Ernte auch zu genießen. Die Arbeit war getan, es war kalt genug zum Schlachten, und der erste neue Wein war fertig, also Grund genug zum Feiern und es sich gut gehen zu lassen: „St. Martin setzt sich schon mit Dank am warmen Ofen auf die Bank."

Der Heilige Martin von Tours – bekannt dadurch, dass er seinen Mantel mit einem frierenden Bettler teilte, ist wohl einer der bekanntesten und beliebtesten Heiligen an der Mosel. Keiner hat so viele Pfarrpatronate wie er: Lay, Cochem, Valwig, Ellenz-Poltersdorf, Ediger, Briedel, Kinheim, Niederemmel, Ensch, Riol, Fell, Schweich, Biewer, Morscheid, Mertesdorf, Wiltingen, Serrig, Nittel und Nennig. Viele Pfarrgründungen an der Mosel gehen auf die fränkische Zeit zurück, und der Heilige Martin war der Schutzpatron des Frankenreiches. Der Tatsache verdanken wir auch die Begriffe Kapelle und Kaplan. Denn die Reichsreliquie im Frankenreich, die die Könige überall hin mitführten, war die Cappa (der Mantel) des Heiligen Martin. Und der Aufbewahrungsort dieser Cappa war immer eine eigene kleine Kirche, eben eine Kapelle, und der Geistliche, der auf die Cappa aufpasste, war der Kaplan.

Meistens ist Martin als Reiter, der den Mantel teilt, dargestellt, aber manchmal ist er auch mit einem Weinpokal abgebildet. Denn er soll Wasser in Wein verwandelt haben, und bei einem Mahl mit dem Weströmischen Kaiser Maximus soll er den ihm gereichten Pokal nicht dem Kaiser zurückgereicht haben, sondern erst mal an einen einfachen Priester weitergegeben haben, frei nach dem Motto: Nicht nur die großen sind wichtig und sollen was Gutes zu trinken haben, sondern auch die einfachen Leute.

Drei Weinlagen sind an der Mosel nach dem Heiligen Martin benannt:

Enscher St. Martin,
Fankeler Martinsborn und der
Tarforster St. Martiner Klosterberg.

26. Dezember
„Bibe fortitudinem Sancti Stephani – Trinke den Starkmut des Hl. Stephanus!"

27. Dezember
„Bibe amorem Sancti Johanni – Trinke die Liebe des heiligen Johannes!"

Der Winter war die Zeit des Minnetrinkens. Das alte deutsche Wort „minnen" bedeutet ´des Geliebten gedenken`. Das Minnetrinken bedeutet also etwas Trinken und dabei an einen geliebten Menschen denken. Es fand häufig im liturgischen Umfeld, z.B. nach dem Gottesdienst statt. Nicht immer blieb es bei einem Schluck Wein, häufig ist das Minnetrinken auch zu Besäufnissen ausgeartet, deshalb wurde es zeitweise auch verboten. Wenn am 26. Dezember, dem Gedenktag des Heiligen Stephanus, ein Minnetrinken stattfand, dann wurde der Wein gerne mit dem Satz gereicht: „Bibe fortitudinem Sancti Stephani – Trinke den Starkmut des Hl. Stephanus!" Denn er ist als erster Märtyrer mutig für seinen Glauben eingetreten. Am Tag darauf, am Tag des Heiligen Johannes, wurde der Wein mit dem Satz gereicht: „Bibe amorem sancti Johanni – Trinke die Liebe des heiligen Johannes!"
Denn beim „Winterjohannes" handelt es sich um den Jünger, der, wie es in der Bibel heißt, von Jesus geliebt wurde. Er wurde deshalb häufig mit sehr zarten Gesichtszügen an der Seite Jesu dargestellt. In einer Legende wird berichtet, dass der Hohepriester Aristodemus zum Christentum übertreten will, wenn Johannes einen Becher mit vergiftetem Wein trinkt und überlebt. Johannes segnet den Becher, das Gift in Form einer Schlange entweicht, und so kann er unbeschadet den Wein trinken.
An dieses Wunder und die Liebe des Johannes anknüpfend wurde Wein, der an seinem Tag gesegnet wurde, zu einem besonderen Getränk. Diesen „Johanneswein" hat man im Laufe des Jahres nur zu besonderen Anlässen getrunken. Er war Versöhnungswein, wenn man sich nach einem langen Streit wieder die Hände reichte, er war Abschiedswein, wenn man sich auf unbestimmte Zeit trennen musste, und er war der Wein, den man Sterbenden reichte.

Am 27. Dezember gesegneter Wein – egal welcher Lage – wird zum Johanneswein. Zum Gedenken an den Heiligen Stephanus, der Pfarrpatron von Müden, Pommern, Zeltingen, Wintrich und Leiwen ist, kann man auf einige Moselweinlagen zurückgreifen: Kröver/Enkircher Steffensberg, Wintricher Stefanslay, Bernkasteler Stephanus-Rosengärtchen oder auch Merler Stephansberg, z.B. vom Weingut Albert Kallfelz, das nach der Liste der Deutschen Landwirtschaftsgesellschaft zu den besten Deutschlands zählt. Aber auch das Ökoweingut Cuy in Merl baut einen schönen Stephansberg aus.

2. Februar
„Lichtmess – Spinnen vergess. Krummes zur Hand – in den Wingert gerannt".

Im Winter, in der Zeit der Heimarbeit, wurde gesponnen. Anfang Februar kann es schon vorkommen, dass die Witterung mild genug ist, um wieder draußen zu arbeiten. Dann gilt es, das Krumme – das Winzermesser – in die Hand zu nehmen und im Weinberg die Reben zu schneiden. Natürlich kann man auch schon im Spätherbst, gleich nach der Ernte mit dem Rebschnitt beginnen, aber vor Februar/März muss diese Arbeit nicht getan sein.
Mariä Lichtmess ist keine offizielle Festbezeichnung. Im liturgischen Kalender heißt das Fest heute ´Fest der Darstellung des Herrn im Tempel`. Die biblische Grundlage des Festes findet sich im Lukasevangelium (2,21-40). Der Festtag war häufig mit Kerzensegnungen und vielerorts auch mit Lichterprozessionen verbunden, als Zeichen für den Übergang in eine hellere Zeit, da die dunkelste Zeit des Winters nun vorbei war.

Damit ist der kleine Rundgang durch das Winzerjahr mit Hilfe der Weinheiligen beendet, und wir sind wieder bei Maria angekommen. Wer darauf noch mal einen Metternicher oder Gülser Marienberg trinken möchte, greift jetzt am besten zu einer edelsüßen Auslese, so wie z.B. das Weingut Karl Lunnebach seinen Marienberg in der Regel ausbaut, oder auch – wer sich etwas Besonderes gönnen möchte – zu einem Eiswein vom Weingut Schwaab. Natürlich kann man Maria als Weinheilige auch ehren, wenn man einen Pündericher Marienburg trinkt. Vielleicht vom Ökoweingut Weingut Clemens Busch, der seine Reben nicht nur ökologisch anbaut, sondern auch den Wein im Keller ganz besonders schonend ausbaut. Am besten trinkt man einen solchen Wein auf der Marienburg, die ehemals ein Kloster war und heute eine Jugendbegegnungsstätte des Bistums Trier beherbergt. Hier kann man die typische Mosellandschaft genießen. Man hat einen wunderschönen Ausblick auf die große Moselschleife bei Zell und die Dörfer rund um den Zeller Hamm.
Beides gehört zusammen, der Wein und die Landschaft. Wer beides dankbar genießt und als ein Geschenk des Himmels betrachtet, der betet im besten Sinne, und dabei sollte niemand gestört werden. Sehr zum Wohl!

Kalle Grundmann

Römische Gerichte

Gustum (Vorspeise)

Gekochte Eier mit Pinienkernpaste
Brei aus Emmer und Feldbohnen

Mensa Prima (Hauptspeise)

Alexandrinische Sauce für gegrillten Fisch
Gedünstetes Zicklein- oder Lammfleisch
Opferbrot

Mensa Secunda (Nachspeise)

Birnenauflauf

Gekochte Eier mit Pinienkernpaste

In ovis hapalis

„Für gekochte Eier: Pfeffer, Liebstöckel und eingeweichte Pinienkerne. Gib Honig und Essig dazu, schmecke mit liquamen ab."
Apicius, 7, 17, 3.

80 g	Pinienkerne
100 ml	Weißwein
1 kl. Zweig	Liebstöckel
ca. 2 Msp.	schwarzer Pfeffer
1 TL	Honig
ca. 1 EL	Weinessig, z.B. Balsamico bianco
1-2 TL	asiatische Fischsauce (liquamen)
4	Eier

1 Die Pinienkerne mit dem Weißwein übergießen und über Nacht stehen lassen.

2 Am nächsten Tag die Blättchen des Liebstöckels abzupfen und hacken. Schwarzen Pfeffer, Honig sowie Weißweinessig zusetzen und alles zerstampfen oder pürieren. Mit Pfeffer und Fischsauce vorsichtig abschmecken.

3 Die Eier weich oder nach Belieben hart kochen, abschrecken, pellen und abkühlen lassen. Zusammen mit der Pinienkernpaste servieren.

Brei aus Emmer und Feldbohnen

Puls fabata

nach Plinius d.Ä.

200 g	weiße getrocknete Bohnen
200 g	Emmer
20-25 g	Speck
1	Zwiebel
2 EL	Olivenöl
	Salz
1-2 EL	Essig, vorzugsweise Balsamico bianco – weißer Essig aus Traubenmost

1 Die Bohnen über Nacht einweichen. Am nächsten Tag mit einem Liter frischen Wasser aufsetzen und je nach Sorte und Alter der Bohnen 50 bis 60 Minuten kochen.

2 Den Emmer schroten. Den Speck fein würfeln und die Zwiebel hacken.

3 1 Esslöffel Olivenöl in einem Topf erhitzen. Den Speck zufügen und die Zwiebel darin kurz andünsten. Den Emmer zufügen, etwas durchschwitzen lassen und mit 1 Liter Wasser ablöschen. 15 Minuten bei mäßiger Temperatur kochen lassen. Hin und wieder umrühren, damit nichts ansetzt. Wenn die Bohnen gar sind, beides zusammen schütten und mit Salz und Essig gut abschmecken.

Tipp: Eine klein geschnittene Mohrrübe zu dem Emmer geben.

Emmer, Amelkorn oder Zweikorn, ein Spelzweizen mit zweizeiliger, begrannter Ähre, jedoch im Gegensatz zum Einkorn mit zwei Körnern im Spelzverschluss versehen. Der Ursprung des Emmer, wie auch des Einkorns, ist höchst wahrscheinlich Mesopotamien-Ägypten. Die Verbreitung reicht bis nach Mitteleuropa.

Alexandrinische Sauce für gegrillten Fisch

Jus Alexandrinum in pisce asso

„Nimm Pfeffer, getrocknete Zwiebel, Liebstöckel, Kümmel, Oregano, Selleriesamen, entsteinte Damaszenerpflaumen, mulsum, Essig, liquamen, defrutum und Öl. Stampfe, mische dies und lasse es kochen."
Apicius 10, 1, 6

4	küchenfertige Forellen
3 EL	Olivenöl
1	Zwiebel
12	zarte Blätter Liebstöckel
5	weiche, entsteinte Backpflaumen
100 ml	Weißwein
1 TL	flüssiger Honig
1-2 EL	Essig, vorzugsweise Balsamico bianco
etwa 2 EL	asiatische Fischsauce
1 EL	weißer Portwein
2 EL	Olivenöl

1 Die Forellen mit Olivenöl beträufeln.

2 Die Zwiebel abziehen und fein würfeln. Die Blätter des Liebstöckels hacken. Einige Blätter für die Garnitur zurück behalten. Die Backpflaumen klein schneiden. Weißwein, Honig, Essig, Fischsauce, weißen Portwein und Olivenöl verrühren. Alle Zutaten in einen Topf geben und 6 bis 8 Minuten köcheln lassen. Vom Herd nehmen und durchziehen lassen.

3 Die Forellen ca. 15 Minuten grillen, mit der Sauce servieren und mit Liebstöckelblättchen garnieren.

Gedünstetes Zicklein oder Lammfleisch

Aliter haedinam sive agninam excaldatam

„Gib das geschnittene Fleisch in einen Topf. Hacke eine Zwiebel und Koriander fein, stampfe Pfeffer, Liebstöckel, Kümmel, liquamen, Öl und Wein. Lasse dies kochen, gieße es in ein flaches Gefäß, binde mit amulum. Wenn man Lammfleisch nimmt, gibt man den Inhalt des Mörsers auf das rohe Fleisch, wenn Zicklein währenddies kocht."

Apicius 8, 6, 2

1 kg	Lammfleisch ohne Knochen aus der Keule
1-2	Zwiebeln
1/2-1 Bd.	Koriandergrün
1 Zweig	Liebstöckel
	schwarzer Pfeffer
2 Msp.	gemahlener Kümmel
1 EL	Fischsauce und/oder
1-2 TL	Worcestershiresauce
2 EL	Olivenöl
1/2 l	Weißwein
2 TL	Speisestärke

1 Das Fleisch in Stücke schneiden und in einen Topf geben.

2 Die Zwiebeln abziehen und würfeln. Koriander und Liebstöckel waschen, die Blättchen von den Stielen zupfen und hacken. Zwiebel, Koriander sowie Liebstöckel in den Topf zum Fleisch geben und mit schwarzem Pfeffer, Kümmel, Fischsauce würzen. Das Olivenöl und den Wein darübergießen.

3 Etwa 60 Minuten bei mäßiger Temperatur garen. 2 Esslöffel Wasser mit der Speisestärke verrühren, hineinrühren und kurz aufkochen lassen. In einer Form servieren.

Opferbrot
Libum

„Libum mache auf folgende Weise: Zerkleinere 2 Pfund Käse sorgfältig im mortarium. Schütte dann 1 Pfund Weizenauszugsmehl oder, wenn das Brot von leichterer Beschaffenheit sein soll, nur ein halbes Pfund Mehl dazu und vermische es mit dem Käse. Rühre noch ein Ei darunter. Forme einen Brotlaib, lege diesen auf Blätter und backe ihn sachte auf dem warmen Herd unter einer irdene Schüssel."
Cato d. Ä., Agr. 75

300 g salziger Schafkäse*
200 g Mehl
3 Eier
10 Lorbeerblätter

** Pecorino oder Pecorino romano, ersatzweise auch der aus Kuhmilch hergestellte Parmesan oder Grana padano*

1 Den Käse reiben. Mehl und Eier zufügen und einen homogenen Teig kneten.

2 Die Lorbeerblätter waschen und eine feuerfeste Platte oder Schale damit auslegen.
Den Backofen auf 190° C Ober- und Unterhitze vorheizen. Aus dem Teig einen runden Laib formen. Tortenförmig einkerben und in den Backofen stellen. Mit einer feuerfesten Schüssel bedecken und etwa eine Stunde und 15 Minuten backen.

Tipp: Diese Version gelingt auf jeden Fall. Sollten weniger Eier genommen werden, muss statt dessen etwas Wasser zugefügt werden.

Birnenauflauf

Patina de piris

„Gekochte, entkernte Birnen mit Pfeffer, Kreuzkümmel, Honig, Süßwein (passum), liquamen und etwas Öl zerstampfen. Nachdem Du noch Eier dazugegeben hast, mische einen Pfannenauflauf daraus. Überstreue mit Pfeffer und trage auf."
Apicius, 4, 2, 35

1 kg	Birnen
2 Msp.	frisch gemahlener schwarzer Pfeffer
2 Msp.	Kreuzkümmel
4 EL	Honig
200 ml	Marsala, Sherry oder weißer Portwein
2 TL	Öl
5	Eier

1 Die Birnen schälen, entkernen und klein schneiden. Mit 200 ml Wasser in einen Topf geben und je nach Reife der Früchte abgedeckt bei mäßiger Temperatur 8 bis 15 Minuten kochen, eventuell noch 50 ml Wasser nachgießen.

2 Die Birnen mit Pfeffer, Kreuzkümmel, Honig, Marsala und einem Teelöffel Olivenöl pürieren. Die Eier zufügen und unterschlagen.

3 Den Backofen auf 180° C Ober- und Unterhitze vorheizen. Eine feuerfeste Auflaufform (patina) mit dem restlichen Öl ausstreichen. Die Masse hineingeben und etwa 35 Minuten backen. Mit frisch gemahlenem Pfeffer bestreut servieren.

Anmerkung: Der Auflauf sollte noch weich sein. Wer möchte, kann noch liquamen (Fischsauce) dazu geben; dies ist jedoch sehr gewöhnungsbedürftig.

Rezept-Register

Apfelstrudel mit parfümierter Butter . . . 24
Broora Häärisch Suppe . . . 104
Bunte Gemüsetorte . . . 163
Buttermilch-Dinkelbrot . . . 159
Copadiae jus album in copadiis – Kalbsschnitzelchen in weißer Pinienkernsauce . . . 60
Debbekoche . . . 179
Ediger Halsfleisch . . . 104
Eifeler Forellenfilets auf roter Honig-Buttersauce . . . 93
Eifeler Hirschrücken mit frischen Waldpilzen . . . 106
Eifeler Lammragout . . . 140
Eifeler Kartoffelkäse . . . 156
Eintopf von Krebsen und Pfifferlingen . . . 52
Eiscreme Plombières . . . 12
Flambierte Schweinefiletspitzen in marinierten Backpflaumen mit Kartoffelplätzchen . . . 120
Frischlingsrücken in der Kräuterkruste mit Balsamico-Kirschen und Kartoffelgugelhupf . . . 96
Frischlingsrücken mit schwarzen Walnüssen und Schwarzwurzeln in Spätburgundersauce . . . 123
Gebratener Moselzander auf Rahmkraut mit Rieslingsauce und Kartoffel-Schnittlauchpüree . . . 70
Gebratener Kaninchenrücken auf Spargelrisotto . . . 72
Gebratene Lammleber mit Apfelscheiben und Feldsalat . . . 164
Gebratenes Täubchen aus den Vogesen zu süß-saurer Sauce mit Tannenhonig, jungen Möhren, Lauch und glasierten Zwiebeln . . . 42
Gefüllte Fasanenbrust auf Teerdich in Weintraubensauce . . . 52
Gefüllter Karpfen . . . 11
Gefüllter Moselaal . . . 65
Gelee von roten Weinbergpfirsichen . . . 108
Gemüsesuppe mit geräuchertem Moselaal . . . 41
Geschmortes Rinderragout in Riesling . . . 114
Hecht in Kräutersauce . . . 39
Hecht nach Art der Familie Simonis . . . 159
Himbeer-Schokoladenherzen . . . 36
Hunsrücker Schinkenbissen . . . 135
Kalbsschnitzel nach Art der Alten Zunftscheune . . . 95
Käsesuppe mit Riesling auf moselländische Art . . . 77
Kartoffelpudding mit Himbeersauce und Creme fraiche . . . 137
Karmelitertorte . . . 113
Kleine Weinküchlein . . . 165
Kleiner Topf vom Moselzander mit Pfifferlingen in Layer Rieslingsauce . . . 183
Kräuter-Quiche . . . 28
Kräuterflan mit Räucherlachs und Gurkenspaghetti . . . 93
Kürbis-Steinpilzsuppe . . . 132
Lucanica - Lukanische Würstchen . . . 59
Madeleines . . . 13
Maifelder Entenbrust mit Brombeerjus . . . 136
Mulsum - Honigwein . . . 59
Nudeltaschen mit Steinpilzen und Kräutersauce . . . 145

Ova spongia ex Lacte - Omelette mit Mandeln und Honig ... 60
Parfait aus weißer Schokolade auf Rhabarber-Erdbeer-Kompott ... 94
Parfait aus roten Weinbergpfirsichen ... 105
Pommes Duchesse ... 146
Quarkcreme mit Weinbergpfirsichen ... 181
Quittenmousse mit Vanille und Passionsfruchtröllchen ... 23
Ratatouille mit Flusskrebsen ... 134
Rieslingsteak vom Schwein ... 186
Riesling-Sektschaum mit Flusskrebsen und Bärlauchsud ... 91
Rosa gebratener Lammrücken unter der Kartoffelkruste auf Kartoffel-Kürbis-Ragout mit frischer Minze ... 188
Rosa gebratener Maibockrücken unter einer Walnusskruste, Spargel in Kräutersahne und Safran-Kartoffeln ... 78
Rosé von Lammschulter und Auberginen ... 22
Rosencreme mit Erdbeeren auf Biskuit ... 147
Schwarze Walnüsse ... 124
Schweinefleisch im Biersud ... 86
Sehler Kastaniensuppe - frei nach Bürgermeister Stier ... 125
Steinpilzrisotto mit Kräutersalat ... 21
Suppe von Moselzander und Flusskrebsen mit Spitzkohl und dicken Bohnen ... 140
Tomaten-Ziegenkäse-Terrine ... 30
Traubenlikörparfait ... 142
Tresterfleisch ... 166
Wachteln mit Taubenbrust gefüllt auf Balsamico-Linsen und Kaiserschoten ... 88
Walnussparfait mit Karamelsauce ... 121
Weiße Haselnuss-Buttertrüffel ... 129
Wildkaninchenkeulen mit Orangen und Rotwein mariniert ... 146
Wildterrine mit Weinbergpfirsichkonfitüre ... 119
Zander auf Kürbis-Chutney ... 106
Zitronenmelisse-Sorbet in Riesling-Sekt ... 79
Zwiebelkuchen auf meine Art ... 180

Römische Gerichte ... 202/203

Gustum – Vorspeise ... 204
Gekochte Eier mit Pinienkernpaste – In ovis hapalis ... 204
Brei aus Emmer und Feldbohnen – Puls fabata ... 206
Mensa Prima – Hauptspeise ... 208
Alexandrinische Sauce für gegrillten Fisch – Jus Alexandrinum in pisce asso ... 208
Gedünstetes Zicklein oder Lammfleisch – Aliter haedinam sive agninam excaldatam ... 210
Opferbrot – Libum ... 212
Mensa Secunda – Nachspeise ... 214
Birnenauflauf – Patina de piris ... 214

Soweit in den Rezepten nichts anderes vermerkt ist, sind die Zutaten für vier Personen berechnet. Die in den Rezepten angegebenen Koch- und Backzeiten können erfahrungsgemäß nur Anhaltswerte darstellen.

Restaurants entlang der Mosel

Alte Zunftscheune, Neue Rathausstraße, D-56841 Traben-Trarbach
Tel. 06541 9737, Fax 06541 8142808 95

Alte Thorschenke, Brückenstraße 3, D-56812 Cochem
Tel. 02671 7059, Fax 02671 4202 121

Alte Mühle Thomas Höreth, Mühlental 17, D-56330 Kobern-Gondorf
Tel. 02607-6474, Fax 02607 6848 156

Deinhard's Restaurant mit Kellermuseum, Deinhardplatz 3, D-56068 Koblenz
Tel. 0261 9144567 182

DOMAINE THERMAL DE MONDORF, Avenue des Bains, L-5601 Mondorf-les-Bains, Großherzogtum Luxemburg
Tel. 00352 23666-0 34

Gasthaus Winzerschenke, Inh. Christian Sausen, An der Klostertreppe 29, D-56814 Beilstein
Tel. 02673 1354, Fax 02673 962371 114

Gutsschänke Schaaf, Inh. Stefan Pohl, Fährstraße 6, D-56333 Winningen
Tel. 02606 597, Fax 02606 897 162

Hofgut „Stift Kloster Machern" AG, An der Zeltinger Brücke, D-54470 Bernkastel-Wehlen
Tel. 06532 951640, Fax 06532 951639 86

Hotel „Haus-Lipmann", Marktplatz 3, D-56814 Beilstein
Tel. 02673 1573, Fax 02673 1521 114

Hotel Moseltor, Moselstraße 1, D-56841 Traben-Trarbach
Tel. 06541 6551, Fax 06541 4922 92

Hotel-Restaurant Lohspeicher, Am Marktplatz – Obergasse 1, D-56812 Cochem
Tel. 02671 3976, Fax 02671 1772 122

Hotel-Restaurant Reichsschenke „Zum Ritter Götz" Robert-Schuman-Straße 57, D-54536 Kröv
Tel. 06541 81660, Fax 06541 8166105 90

Hotel & Restaurant Brauneberger Hof, Inhaberin Hilde Conrad, Moselweinstraße 136, D-54472 Brauneberg
Tel. 06534 1400, Fax 06534 1401 77

Hotel und Restaurant Christoffel, Inh. Elvi und Norbert Krötz, Koch: Peter Krötz, Hochstraße 24
D-56814 Ediger-Eller, Tel. 02675 255 u. 344, Fax 02675 1625 103

Klostercafé Beilstein – Restaurant, Klosterstraße 55, D-56814 Beilstein
Tel. 02673 1674 113

Landgut-Hotel „Zur Moselbrücke", Brückenstraße 1, D-54338 Schweich
Tel. 06502 91900 65

La Vieille Porte, 8, Place Jean de Morbach, F-57480 Sierck-les-Bains
Tel. + Fax 0033 382 832261 27

Moselromantik Hotel Panorama, Inhaber Dieter Johann, Klostergartenstraße 40-44, D-56812 Cochem
Tel. 02671 914140, Fax 02671 9141414 124

Moselromantik-Hotel „Zum Löwen", Moselweinstraße 23, D-56814 Ediger-Eller
Tel. 02675 208, Fax 02675 214 105

Restaurant Au Pampre d'Or – Chef: Jean-Claude Lamaze, 31 Place de Chambre, F-57000 Metz
Tel. 0033 387741246, Fax 0033 387369692 26

Restaurant Halferschenke, Hauptstraße 63, D-56332 Dieblich
Tel. 02607 1008 + 1009, Fax 02607 960294 141

Restaurant Léa Linster, Route de Luxembourg 17, L–5752 Frisange
Tel. 00352 23668411, Fax 00352 23676447 35

Restaurant Maire, Rue du Pont des Morts, F-57000 Metz
Tel. 0033 387324312, Fax 0033 387311675 21

Restaurant Marais, Jean-Pierre & Elfie Marais, Schloss Liebieg, Römerstraße 52, D-56330 Kobern-Gondorf
Tel. 02607 974400 u. 8611, Fax 02607 961807 143

Restaurant Mathes, 37, Route du vin, L-5401 Ahn/Moselle
Tel. 00352 760106, Fax 760645 41

Romantik-Jugendstilhotel Bellevue, An der Mosel 11, D-56841 Traben-Trarbach
Tel. 06541 7030, Fax 06541 703400 96

Schloss Monaise, D-54294 Trier-Zewen,
Tel. 0651 828670, Fax 0651 828671 51

Turm-Gasthaus Burg Thurant, Inhaber Peter Kopowski, Moselstraße 15, D-56332 Alken
Tel. 02605 3581, Fax 02605 2152 132

Waldhotel Sonnora, D-54518 Dreis bei Wittlich
Tel. 06578 406, Fax 06578 1402 88

Weinhaus Hubertus, Florinsmarkt 6, D-56068 Koblenz
Tel. 0261 31177, Fax 0261 1004919 188

Weinromantikhotel Richtershof, Hauptstraße 81-83, D-54486 Mülheim /Mosel
Tel. 06534 9480, Fax 06534 948100 79

Weinstube und Restaurant zum Domstein, Hauptmarkt 5, D-54290 Trier
Tel. 0651 74490, Fax 0651 74499 59

Wein- & Tafelhaus, Moselpromenade 4, D-54349 Trittenheim
Tel. 06507 702803 69

Winzerwirtschaft Barz, Inh. Christian Müller, Osterstraße 5, D-56333 Winningen
Tel. 02606 1751 oder 02606 886 164

Wirtshaus Alt Coblenz, Joe Wilbert Gastro GmbH, Am Plan 13, D-56068 Koblenz
Tel. 0261 160656 187

Weingüter entlang der Mosel

Brennerei Hubertus Vallendar, Hauptstraße 11, D-56829 Kail
Tel. 02672 913552, Fax 02672 913554 128

Castell St. Quirinus – Weingut Braun, Moselstraße 32, D-56814 Ernst
Tel. 02671 7106, Fax 02671 605068 116

Gutsverwaltung Schloss Thorn, D-54439 Schloss Thorn
Tel. 06583 433, Fax 06583 1433 49

Sektgut St. Laurentius, Laurentiusstraße 4, D-54340 Leiwen
Tel. 06507 3836, Fax 06507 3896 66

Vereinigte Hospitien, Stiftung des öffentlichen Rechts, Kranenufer 19, D-54290 Trier
Tel. 0651 9451210/11, Fax 0651 9452060 58

Weingut Albert Kallfelz, Hauptstraße 60-62, D-56856 Zell/Merl
Tel. 06542 93880, Fax 06542 938850 98

Weingut „Dreigiebelhaus" und „Ratshofkellerei", Kilian Klein, Robert-Schuman-Straße 32, D-54536 Kröv
Tel. 06541 9378 + 2345, Fax 06541 812681 90

Weingut Dr. Loosen, St. Johannishof, D-54470 Bernkastel / Mosel
Tel. 06531 3426, Fax 06531 4248 81

Weingut Freiherr von Landenberg, Moselweinstraße, D-56814 Ediger-Eller
Tel. 02675 277, Fax 02675 207 101

Weingut Fritz Haag, Dusemonder Straße 44, D-54472 Brauneberg
Tel. 06534 410, Fax 06534 1347 76

Weingut Heymann-Löwenstein, Inh. Cornelia und Reinhard Heymann-Löwenstein, Bahnhofstraße 10
D-56333 Winningen, Tel. 02606 1919, Fax 02606 1909 153

Weingut Joh. Jos. Prüm, Uferallee 19, D-54470 Bernkastel-Wehlen 85

Weingut Karl Petgen, Martinusstraße 4a, D-66706 Nennig
Tel. 06866 239, Fax 06866 1323 49

Weingut Martin Conrad - Brauneberger Hof, Moselweinstraße 133, D-54472 Brauneberg
Tel. 06534 93980, Fax 06534 939855 76

Weingut Reinhold Haart, Ausoniusufer 18, D-54498 Piesport
Tel. 06507 2015, Fax 06507 5909 75

Weingut Reinhold Franzen, Gartenstraße 14, D-56814 Bremm
Tel. 02675 412, Fax 02675 1655 101

Weingut-Weinmuseum Schlagkamp-Desoye, Zeller Straße 11, D-56820 Senheim
Tel. 02673 4381, Fax 02673 4351 110

Weingut von Schleinitz, Kirchstraße17, D-56330 Kobern-Gondorf
Tel. 02607 972020, Fax 02607 972022 154

Winzerhof Gietzen, Moselstraße 52, D-56332 Hatzenport
Tel. 02605 952371 131

Renate Kissel ist Spezialistin für Ernährungsfragen, Köchin, Hotelfachfrau sowie Koch- und Reisebuchautorin, Mitglied der Gastronomischen Akademie Deutschlands und der Köchevereinigung Eurotoques. Sie hat bei renommierten internationalen Köchen Erfahrungen gesammelt, die ihre erfolgreichen Bücher bereichert haben. Für ihre Arbeiten erhielt sie mehrere nationale und internationale Auszeichnungen. Renate Kissel lebt und arbeitet in Koblenz.

Ulrich Triep, aufgewachsen in Düsseldorf und Berlin, arbeitete nach seinem Abschluss zum Dipl. Ingenieur als Verkaufsleiter für ein international orientiertes Unternehmen. Seine Leidenschaft gilt der Fliegerei, dem Segel- und Motorfliegen, dem Fall- und Gleitschirmspringen. Zahlreiche berufliche und private Reisen beflügelten sein Interesse auch an Landschaft, Natur, Kultur und Geschichte der Länder. Seit einigen Jahren als freier Autor tätig, verarbeitet er seine Reiseerlebnisse literarisch. Ulrich Triep lebt und arbeitet in Koblenz.

Bildnachweis

TLC Fotostudio, Luis Bisschops: S. 21, 29, 31, 37, 71, 133, 157, 158, 181, 205, 207, 209, 211, 213, 215

P!EL media: S. 2, 5, 6, 12/13, 16, 17, 18, 19, 20, 22, 23, 24, 25, 26, 28, 30, 32, 33, 35, 38, 41, 42, 43, 44, 45, 46, 47, 48, 50, 51, 53, 54, 55, 56, 57, 59, 61, 61 kl., 62, 63, 64, 68, 69, 75, 80, 84, 85, 92, 94, 103 r., 105, 107, 110 o., 111, 112, 114, 116/117, 118, 120, 121, 122, 130, 131, 134, 135, 138/139, 141 o., 143, 144, 145, 146, 147, 155, 156, 160, 172/173, 174, 174/175, 176, 177, 178, 182 u., 184, 185, 186, 187, 188, 189, 190/191, 192, 196/197, 198, 201/202, Titelbild u. Rückseite

Ahlborn, Stefan: S. 167 u.r.
Angela Francisca Endress: S. 67, 109
Alte Zunftscheune: S. 95
ARNOLDI Grafik- und Fotodesign: S. 88
Balmes, Halferschenke: S. 141
Barzen, Peter: S. 100 gr., 102, 103 l.
Baumann, Werner: S. 167 o.l.
Brost, Klaus: S. 87, 137, 150, 151, 161, 168, 194, 201
Brauneberger Hof: S. 76, 77
Entente Touristique de la Moselle, Entre Mosellan Ehnen/Lux.: S. 40
Fotolia.de: S. 14/15
Goergen, Rolf: S. 99, 100 kl.,101
Glasmuseum Hentrich, Düsseldorf, Direktor Dr. Helmut Ricke: S. 9 r.o., r.u., l.o., l.u.
Handwerkskammer Trier: S. 73, 74
Heymann Löwenstein: S. 153
Historische Senfmühle: S. 125
Imagerie d´Épinal: S. 7
M. Jermann, F.G. Zeitz KG, Königssee: S. 115
Kallfelz, Albert: S. 98
Kissel, Renate: S. 8, 13 kl., 154, 163
Koblenzer Ruderclub Rhenania: S. 170, 171
Kochhan, Dirk: S. 128
Dr. Loosen: S. 81, 82, 83
Mundel, Jean-Luc: S. 182
Musée Pierre-Noël, Saint Dié des Vosges, Direktor Grandidier: S. 9 m.
Nettlich, Jens: S. 167 u.l.
Office de Tourismus de Toul, Myriam BARNABE: S. 10
Prämassing, Klara: S. 148/149, 152, 162, 164
Riedinger, Ayca: S. 126
Romantik-Jugendstilhotel Bellevue: S. 96, 97
Schlagkamp-Desoye: S. 110 u.
Stadt Bad Vilbel: S. 203 kl.
Triep, Ulrich: 49, 127
Vereinigte Hospitien: S. 58
Weingut Dreigiebelhaus: S. 90

Reisen und Speisen entlang der Mosel von Renate Kissel / Ulrich Triep

Math. Lempertz Verlag GmbH, 53639 Königswinter

Geschäftsführerin Antje F. Heel

Layout & Gestaltung: Ralph Handmann

Dank an alle, die mit Rezepten, Beiträgen und Anregungen zur

Realisierung des Buches beigetragen haben.

Ein besonderer Dank gilt Luis Bisschops, TLC Fotostudio

46342 Velen-Ramsdorf und Franke Veldman, Koch- und Foodstylist

für die Foodfotos.

Herbert Piel, P!EL media, danken wir für die stimmungsvollen Landschaftsaufnahmen,

die aus über 400 Bildern ausgewählt werden konnten und die

eigens für dieses Buchprojekt fotografiert wurden.